Im Blick auf deine Arbeit

Mai 2003

Egbert

Arnoldshainer Texte – Band 121

Schriften aus der Arbeit der
Evangelischen Akademie Arnoldshain

Arnoldshainer Texte

Schriften aus der Arbeit der Evangelischen Akademie Arnoldshain

Herausgegeben von Hermann Düringer, Margrit Frölich, Annette Mehlhorn, Kurt W. Schmidt, Ulrich O. Sievering, Gotlind Ulshöfer

Selbstbestimmung und Integrität am Lebensende

Trauern und Trösten in der hospizlichen Arbeit

Robert Cachandt / Friedhelm Menzel /
Ulrich O. Sievering (Hrsg.)

HAAG + HERCHEN VERLAG

Bibliografische Information Der Deutschen Bibliothek
Die Deutsche Bibliothek verzeichnet diese Publikation in der Deutschen Nationalbibliografie; detaillierte bibliografische Daten sind im Internet über http://dnb.ddb.de abrufbar.

ISSN 0720-9177
ISBN 3-89846-224-2

Produktion: Herchen + Herchen & Co. Medien KG,
Frankfurt am Main
Herstellung: W. Niederland, Königstein
Printed in Germany

Verlagsnummer 3224

Inhalt

Vorwort

Seit 1991 veranstaltet die Evangelische Akademie Arnoldshain jährlich eine Tagung, mit der sie ehrenamtlichen Hospizhelferinnen und -helfern Gelegenheit gibt, die existentiellen Grundfragen ihrer Arbeit zu reflektieren, ihre Erfahrungen auszutauschen und den politischen Stellenwert ihres Engagements zu diskutieren.

Ins Leben gerufen wurde diese Tagungsreihe unter dem Namen »Arnoldshainer Hospiztage« von dem ehemaligen Hospizreferent des Diakonischen Werkes Hessen und Nassau und nebenamtlichen Studienleiter der Akademie, Pfarrer Gottfried Bickel.

Durch die Kooperation mit der Hospizreferentin des Diakonischen Werkes der Evangelischen Kirche in Deutschland, Pfarrerin Roswitha Kottnik, wurde diese Initiative zu einem bundesweiten Impuls für die zwischenzeitlich mitgliederstarke und politisch einflussreiche Hospizbewegung in Deutschland. Heute sind die Arnoldshainer Hospiztage, entsprechend ihres Ursprungs und ihrer geistigen Wurzeln, wie auch andere Evangelische und Katholische Akademien, für die christliche Hospizbewegung Raum zur Besinnung und Gesprächsforum. An diese Tradition erinnern die Themen der Arnoldshainer Hospiztage seit ihrem Beginn:

1991 Der Hospizgedanke, die Hospizbewegung

1992 Dem Leben das Sterben wiedergeben - dem Sterben Leben geben

1993 „Mitten im Tod sind wir vom Leben umfangen ...“ (Martin Luther)

1994 Die Liebe hört nie auf

1995 Gott wird abwischen alle Tränen, und der Tod wird nicht mehr sein

1996 Selig sind, die sich zu ihrem Leid bekennen. Sie werden getröstet werden

1997 „Daß unsre Sinnen wir noch brauchen können ...“ (Paul Gerhardt)
Kommunikationswege in der Sterbebegleitung

1998 Wer trägt mich in den Himmel? Hospizliche Begleitung als gemeinsame Aufgabe ehren- und hauptamtlicher MitarbeiterInnen

1999 "Die Grenze ist der eigentliche Ort der Erfahrung" (Paul Tillich)
Sterbebegleitung als gemeinsame Aufgabe ehren- u. hauptamtl. MitarbeiterInnen

2000 Hospizgedanke – Hospizbewegung. Rückblick und Ausblick

2001 „Wenn Tränen ineinander fließen“ (Toyohito Kagawa)
Trauern und Trösten in der hospizlichen Arbeit

2002 „Ich habe dich bei deinem Namen gerufen, du bist mein“ (Jesaja 43,Vers 1)
Selbstbestimmung und Integrität am Lebensende

Die 11. und 12. Arnoldshainer Hospiztage im Februar 2001 und im Februar 2002, die diesem Tagungsband zugrunde liegen, bedeuteten eine Zäsur. Es traf sich, dass mit dem Eintritt in den Ruhestand des Gründers dieser Tagungsreihe auch der Zeitpunkt gekommen war, an welchem ein von der Evangelischen Akademie Arnoldshain getragenes bundesweites Angebot nicht mehr weiter zu leisten gewesen wäre. Die wachsende Nachfrage nach ähnlichen Veranstaltungen und die Zunahme solcher Angebote durch die zahlreichen kirchlichen und nichtkirchlichen Einrichtungen in ganz Deutschland hatte die Regionalisierung der ehrenamtlichen Hospizarbeit eingeleitet.

Die Regionalisierung der Arnoldshainer Hospiztage konnte jedoch nur gelingen, weil sich mit der Arbeitsgemeinschaft Hospiz in der Evangelischen Kirche in Hessen und Nassau und dem Diakonischen Werk in Hessen und Nassau zwei kompetente Kooperationspartner bereit fanden, die Veranstaltungsreihe inhaltlich zu tragen.
Der Erfolg dieser Kooperation findet unter anderem seinen Ausdruck in dem hier vorgelegten Tagungsband, der ohne die Geduld und Bereitschaft der Autorinnen und Autoren zur Erstellung und Überarbeitung ihrer Vortragsmanuskripte und Gesprächsnotizen aus den Arbeitsgruppen nicht hätte erstellt werden können.
Ihnen gilt der besondere Dank der Herausgeber.

Ulrich O. Sievering

Robert Cachandt / Friedhelm Menzel

Einleitung

Mit diesem Sammelband werden Vorträge und Arbeitsgruppenergebnisse aus den 11. und 12. Arnoldshainer Hospiztage zugänglich gemacht, von denen die Herausgeber hoffen, der hospizlichen Entwicklung in Deutschland Anstöße und der hospizlichen Praxis Orientierung und Hilfe geben zu können. Außerdem wurden das Gedicht von *Toyohito Kagawa* »Wenn Tränen ineinanderfließen«, unter dessen Titel zu den 11. Arnoldshainer Hospiztagen eingeladen worden war, das Theaterstück von *Suzanne van Lohuizen* »Dossier: Ronald Ackermann«, dessen Aufführung von *Bettina Kaminiski* und *Jürgen Beck-Rebholz*, dem Freien Schauspiel Ensemble Frankfurt/Main, der Veranstaltung den künstlerischen Rahmen gab, sowie die Predigt von Roswitha Kottnik und der Abendsegen von *Dorothée Ebels*, die die Grundtöne christlicher Hoszpizarbeit sichtbar werden lassen, hier aufgenommen.

Im ersten Beitrag rückt *Christine Pfeffer* die Hozpizarbeit aus der Beobachterperspektive in den Blick. Ihre soziologische Einordnung der gesellschaftlichen Bedingungen, unter denen Krankheit, Sterben und Tod heute wahrgenommen, erlebt und bewältigt werden, zeigt, wie hospizliche Arbeit zu einer Brücke zwischen Leben und Tod werden kann.

Vor dem Hintergrund der Diskussion um die Sterbehilfe in Holland vermittelt *Michael Schibilsky* anhand von Berufs- und Lebensgeschichten einprägsam die ethische Dimension der Hospizarbeit im Hinblick auf ihre Verantwortung gegenüber dem Sterbenden und gegenüber dem Leben.

Der Beitrag von *Alfred Drees* leitet über zu den praktischen Aspekten der Hospizarbeit. Das spezifisch Andere der Methode »Prismatische Sterbebegleitung« beschreibt er wie folgt: „Das Neue ist das konsequente Zurückstellen von selbsterfahrungsorientierten-, gruppendynamischen und deutungsträchtigen Fragen und Äußerungen im Gruppenprozess. Auch Phantasien wurden nicht mehr in ihrer Bedeutung für die vorgestellte Beziehungsproblematik eines Patienten besprochen, sondern in ihrer prismatisch sich ausfaltenden Farbigkeit belassen."

Erhard Weiher geht in seinem Beitrag der Frage nach, ob nur ausgebildete Theologen oder amtliche Seelsorger spirituelle Begleitung in Palliativ-Care geben können oder auch andere Berufe. Er kommt zu folgendem Ergebnis: Spirituelle „Hilfe können alle Helfer geben - indem sie auf die spirituelle Unterschwingung der Patienten hören und sie mit ihnen würdigen. Man muss dazu nicht Theologe sein, wohl aber ein behutsamer Zuhörer und Begleiter und ein Mensch, der selbst etwas von der Weisheit des Lebens versteht (vom Paradies, von den Enkeln, von der Kunst usw., da hat jeder seine eigene Begabung)."

Die anschließenden vier Beitrage haben unterschiedliche Aspekte von Trauer und verschiedene Formen der Trauerarbeit zum Gegenstand. *Rolf-Heinz Geissler* beschreibt in seinem reich illustrierten Beitrag Rituale der Trauer bei Frauen und Männern. *Michael Heymel* formuliert Thesen zum Umgang mit Musik in der Trauerbegleitung. Ausgehend von der Diskussion der Arbeitsgruppe »Um Kinder trauern« stellt *Silvia Börgens* das theoretische Modell der "vier Traueraufgaben" von William Wordens vor und setzt diese in Beziehung zu den in der Gruppe geäußerten Erfahrungen.

Weil die eigene Praxis am besten durch Differenzerfahrung wahrgenommen werden kann, werden im Beitrag von *Fritz-Reinhold Huth* anhand der Beispiele »Hinduismus« und »Buddhismus«Sterberituale in nichtchristlichen Kulturen und Religionen dargestellt. Praktische Konsequenzen enthält der Bericht aus dem Arbeitskreis »Interkulturelle Aspekte der hospizlichen Arbeit« von *Angelika Ertl.*

Wie eingangs *Christine Pfeffer* nimmt *Urte Bejick* im letzten Beitrag wieder die Außenperspektive ein. Unter der Frage »Aktive Sterbehilfe: Erlösung vom (sinnlosen) Leben?« diskutiert sie die Positionen in der politischen Auseinandersetzung um die Sterbehilfe unter ethischem Aspekt und aus christlich-theologischer Sicht.

Toyohiko Kagawa

WENN TRÄNEN INEINANDERFLIESSEN

Morgendämmerung dringt durch das Dunkel der Nacht.
Sie dringt dahin, wohin mein Kindlein liegt.
Und ich, benommen von Müdigkeit, erwache von seinem lauten Weinen,
vom Weinen meines Hungerkindleins.
Da liegt es neben mir, in stinkenden Lappen.
Ich wechsle sie und gebe ihm seine Nahrung
und schluchze, wie es so tapfer trinkt.
Drei Tage lang bin ich nun eine Frau gewesen,
eine Frau mit dem Herzen einer Mutter in der Brust.
Schlaf ich nur ein Stündchen, gleich wimmert´s, und ich springe auf.
Mageres, schmutziges Kindlein, ständig weinst du vor Schmerzen,
und doch kenne ich all die Seligkeit, die jeder kennen sollte,
wenn ich hineinschaue in deine Augen und lächle.
Ach, sie ist krank, die kleine Ishi!
Übel hat ihr das Leben mitgespielt.
Kaum gerettet vor denen, die sie umbringen wollten,
hat sich das Fieber auf sie gestürzt.
Die ganze Nacht habe ich um sie gerungen.
Ganz allein waren wir beide.
Hart klang durch die schreckliche Stille des Nachbarn Uhr,
die erste Stunde nach Mitternacht schlagend.
Und Wände begannen zu knirschen, dunkle Balken stöhnten.
Das von Morden durchspukte Haus, seine Decken seufzten auf,
die Bretter des Fußbodens unter uns,
sie haben schon Blut getrunken, frisches Menschenblut,
sie hielten den Atem an, und dann krächzten sie,
krächzten hinein in die gespenstige Nacht, krächzten vom Tode.
Warum ist die Welt so grausam?
Mit Ishis Augen gesehen, ist die Erde
und alles auf der Erde ein riesiger Haufen eiskalter Berge:
Tut euch Ishi leid?
Auch ich bedarf eures Mitleides.
Ich muß helfen! Ich muß helfen!
Und - ich kann nicht helfen!

Wüßt ich doch, was ich tun soll!
Männer werden getröstet durch ihre Frauen.
Aber mir liegt dieses Häuflein Elend in den müden Armen
wie eine verschrumpelte Puppe vom Abfallhaufen.
Und der starke Mann, der sie in den Armen hält, weint.
Was bist du so still, Ishi?
Warum hältst du die Augen zu, warum?
Warte doch, o warte doch, krankes Kleines!
Es ist doch noch zu früh zum Sterben!
Denk doch, wie ich um dich gerungen habe!
Willst du denn nicht bei mir bleiben?
Hör doch! Der Tod soll dich nicht haben!
Was? Ganz benommen von dieser schrecklichen Nacht,
wache ich auf, nur weil eine Wanze mich sticht?
Weine doch noch einmal, noch ein einziges Mal!
Wie kann man dich nur wach kriegen?
Ich kann dich noch nicht gehen lassen!
Ich rufe, aber du hörst ja nicht!
Ich drücke dich an mich, aber du regst dich nicht.
Ich will dich noch nicht zurückbringen zu den Schmerzen!
Nein, es gibt Liebe in der Welt, Liebe! -
Will sie nicht weinen? Ich werde sie dazu zwingen!
Ich presse sie an mich, ganz fest.
Ich küsse ihre dünnen, immer blasser werdenden Lippen.
Mein angstvolles Gesicht berührt das ihre.
Meine erschrockenen Tränen strömen hervor.
Sie fallen in Ishis Augen,
sie mischen sich mit ihren kalten, stummen Tränen.
O Gott! Endlich! ... Sie weint!

Toyohiko Kagawa – Japan (1958)

Christine Pfeffer

Hospizliche Arbeit: Beziehungs-Brücken zwischen Leben und Tod[1]

In der Literatur zum professionellen und nicht-professionellen Umgang mit Sterbenden ist die Tendenz zur Beziehungslockerung oder gar zum Beziehungsabbruch der Lebenden gegenüber den Sterbenden in vielfältiger Weise beschrieben worden. Viele Menschen vermeiden es, mit Sterben und Tod in Berührung zu kommen – ein Grund für die Delegation des Sterbens in medizinisch-pflegerische Einrichtungen. Die häufig beklagte Distanzierung der dortigen Berufsakteure von Sterbenden hat vielfältige Ursachen: Sterben und Tod stellen für die Beschäftigten im Krankenhaus "eine mehr oder weniger große Niederlage, einen Misserfolg ihrer Bemühungen" dar und werden deshalb in der täglichen Arbeit marginalisiert (Lau 1975: 40). Die Arbeitsorganisation macht es oft beinahe unmöglich, sich Sterbenden zuzuwenden, selbst wenn die Berufsakteure sie gerne eingehender betreuen würden; gleichzeitig erlauben es dieselben "Funktionsmechanismen der Organisation" (Streckeisen 2001: 110), sich der Betreuung von Sterbenden zu entziehen, falls sie als zu belastend empfunden wird. Und nicht zuletzt führen persönliche Einstellungen der Beschäftigten dazu, individuelle Strategien zu entwickeln, um den Umgang mit Sterbenden in der täglichen Arbeit zu vermeiden (Glaser / Strauss 1995) - gerade auch, wenn die Bearbeitung und Bewältigung von Sterben und Tod zu einer beruflichen Daueraufgabe wird.

Ganz anders im Hospiz. Eine Besonderheit im Umgang mit Sterbenden ist hier gerade der Versuch, tragfähige (Beziehungs-)Brücken zwischen Lebenden und Sterbenden zu konstruieren, obwohl die Beziehung zum Patienten zwangsläufig immer wieder durch dessen Tod beendet wird. Folgt man der Metapher vom Brückenbau zwischen Individuen, so kann man die spezielle Form der Informationsbeschaffung über den Patienten und die "familiäre Atmosphäre" des Hospizes als Brückenköpfe bezeichnen, von denen aus die Brücke gebaut wird. Diese Brücke ist nicht freitragend, sondern ruht auf den Pfeilern einer "Familien-Idee", d.h.

1 Aus: Pfeffer, Christine: Brücken zwischen Leben und Tod; Eine empirische Untersuchung in einem Hospiz; Köln, 1998. Der Beitrag bezieht sich auf eine empirische Forschung in einem stationären 10-Betten-Hospiz im Jahr 1996. Ich verwende die (hospizübliche) Bezeichnung „Gast" und „Patient" synonym.

einer Handlungsorientierung, die dem Bild des Handelns in einer idealtypischen Familie nachempfunden ist. Dazu werden von Seiten der Hospizbeschäftigten Interaktionsvorstellungen und -strategien aus dem außer-professionellen, privaten Bereich herangezogen.

Schon die Aufnahmeprozedur als erster Kontakt zum (potentiellen) Gast lässt das Bemühen deutlich werden, Informationen zum Leben des Patienten zu erhalten. Betrachtet man das Eingliederungsritual in ein Krankenhaus, so ist offensichtlich, dass hier hauptsächlich standardisierte administrative und krankheitsbezogene Informationen erhoben werden. Der Patient wird so auf seine Krankheit reduziert und letztlich "objektiviert"; es ist für die Beschäftigten deshalb zunächst kaum möglich, sich auf die Person des Kranken bzw. Sterbenden zu beziehen, denn Informationen zu seinem Leben und zu seiner Identität ergeben sich höchstens ungeplant und nebenbei[2]. Im Hintergrund der Aufnahmeprozedur ins Hospiz steht dagegen die Frage: *"Was ist das für ein Mensch"*, der zu uns kommen wird? Es ist die Frage nach der sozialen und persönlichen Identität des Gastes, nach dem, was ihn als Person – und nicht nur als Patienten – ausmacht.

Im untersuchten Hospiz sind Hausbesuche beim künftigen Gast üblich. Dabei wird ihm einerseits das Hospiz als Lebensraum und als bestimmte Form des Umgangs miteinander beschrieben, andererseits erhalten die Beschäftigten Informationen zur Krankheit *und* zum Leben des Patienten. Der Patient wird damit "subjektiviert". Er kommt nicht aus dem "sozialen Nichts" ins Krankenhaus, sondern durch die Art und Weise der Informationsbeschaffung während der Aufnahme bietet sich für beide Seiten eine Brücke ins Leben des Patienten[3].

Immer wieder wird von Patienten, Angehörigen und Beschäftigten die "familiäre Atmosphäre" des Hospizes betont – ein Begriff, der für einem öffentlichen Bereich ungewöhnlich erscheint. Die familiäre Atmosphäre des Hospizes wird durch verschiedene institutionelle Merkmale ermöglicht.

Zunächst ist das Hospiz räumlich und personell (d.h. in der Anzahl der dort anwesenden Personen) überschaubar. Räume und Einrichtung sind nicht nur – wie z.B. auf einer Intensivstation – nach Überlegungen der effizienten Nutzung

---

2 Eine Ausnahme ist z.B. die Psychiatrie, da hier Informationen zur Identität des Patienten und zu seinem sozialen Umfeld für die Behandlung der psychischen Erkrankung notwendig sind. Auf anderen Stationen gilt im Wesentlichen: Werden andere als physische Aspekte in der Betreuung wichtig, so werden entsprechende „Experten" herangezogen –Krankenhauspfarrer für spirituelle Fragen, Psychologen / Psychiater für psychische Probleme und Sozialarbeiter für soziale Schwierigkeiten.

3 Die Bedeutung dieser Brücke für die Patienten lässt sich in der immer wieder geäußerten Frage oder Bemerkung: „Sie waren es doch, die mich zu Hause besucht hatte?" ermessen.

gestaltet (z.B. nach hygienischen Aspekten oder zur optimalen Raumausnutzung). Eine familiäre Atmosphäre in räumlicher Hinsicht zeigt sich darin, dass die Räume individuell eingerichtet sind, vielleicht nach Effektivitätsgesichtspunkten "überflüssige" Dinge beinhalten und damit umgangssprachlich "gemütlich" werden. Der Zugang zu den einzelnen Räumen ist nicht strikt geregelt: Beinahe alle Räumen stehen Personal *und* Gästen offen. Sie können von den Beteiligten nach Bedarf (zum Essen, zu Besprechungen, zum Treffen mit den Angehörigen) genutzt werden und sind damit nicht einer spezifischen Nutzung vorbehalten. Die Raumaufteilung entspricht eher einer Wohnung als einer Krankenhausstation: Wohnzimmer[4], Küche, Bad und Terrasse haben einen "wohnlichen" Charakter, auch weil die Einrichtung ihre pflegerische Funktionalität erst auf den zweiten Blick enthüllt. Die Einrichtung orientiert sich am häuslichen Wohnumfeld und knüpft an bekannte "Bühnenbilder" (Goffman 1973) an. Für die Patienten und Angehörigen wird damit die Fremdheit einer medizinischen Institution etwas aufgebrochen.

Eine familiäre Atmosphäre zeigt sich auch in der Art und Weise der Interaktionen zwischen den Beteiligten. Sie begegnen einander nicht nur in Erfüllung ihrer spezifischen Rollen "Krankenschwester" und "Patient": Das Hospiz ist nur gering funktional differenziert, so dass die Beschäftigten nicht nur auf die Rolle der "Krankenschwester" beschränkt sind, sondern vielfältige Aufgaben übernehmen. Die Rollen des Personals werden auch in gewissem Maß "individualisiert", indem die Beschäftigten etwas von ihrer Persönlichkeit und ihrem eigenen Leben durchscheinen lassen, und indem sie versuchen, persönliche Antworten auf die existentiellen Fragen der Patienten und Angehörigen zu geben. Die Rollen werden quasi "übererfüllt" durch persönliche Beigaben der Rolleninhaber und damit werden Aspekte der Personen deutlich, die in einer nicht-familiären Atmosphäre unsichtbar blieben.

Im Gegensatz zur Rolle des Patienten im Krankenhaus, die sich als die eines "bedienten Unmündig-Machtlosen" beschreiben lässt (Rohde 1974: 233), wird dem Gast im Hospiz die Rolle des Hauptdarstellers und Regisseurs zugeschrie-

4 Im untersuchten Hospiz zeigt sich zum Bedauern der Beschäftigten, dass die Patienten das Wohnzimmer kaum als solches nutzen - trotz aller Bemühungen, es gemütlich und den Bedürfnissen von Kranken entsprechend einzurichten. Einerseits sind die Patienten krankheitsbedingt kaum noch dazu in der Lage, andererseits ist und bleibt ein Wohnzimmer in einem Hospiz ein öffentlicher Ort, dem die Privatheit des Einzelzimmers vorgezogen wird.

ben. Er ist derjenige, der die Handlungen der Beteiligten steuern soll[5], wie es eine Krankenschwester beschreibt:

"Der Gast wird hier schon in den Mittelpunkt gerückt und er bestimmt auf jeden Fall den Großteil des Tagesgeschehens und nicht wir. Wir machen Angebote, geben Hilfestellung ... aber ... die Entscheidung darüber, ob z.B. jetzt jemand im Liegestuhl draußen in der Sonne rumgefahren wird oder ob man jemand beim Gehen begleitet draußen oder ob sonst irgendwelche Sachen sind - er entscheidet selber."

Die institutionelle Zielsetzung des Hospizes trägt dazu bei, das Informations- und Kompetenzgefälle zwischen Personal und Patient zu nivellieren bzw. vielleicht sogar umzukehren. Im Krankenhaus steht die "Wiederherstellung" des Gesundheitszustandes im Vordergrund. Damit dominiert die langfristige Orientierung ("Wiederherstellung") kurzfristige Überlegungen zum aktuellen Wohlbefinden des Patienten. Den Berufsakteuren, seien es Ärzte, Pflegekräfte oder sonstige Therapeuten, wird die Kompetenz zugesprochen, langfristige Auswirkungen bestimmter Entscheidungen und Handlungen zu beurteilen: Ihr Urteil und ihre Handlungen haben damit Priorität gegenüber den Wünschen der medizinischen Laien – und dieser Handlungs- und Kompetenzanspruch wird auch auf Sterbende übertragen. Die Prognose der Hospizpatienten lässt dagegen langfristige Orientierungen nur sehr begrenzt zu: Das "Hier und Jetzt" gewinnt an Bedeutung. Der Patient wird zu demjenigen, der die Gegenwart kompetent beurteilen kann. Beide Punkte – das Rollenangebot an den Patienten und die Bedeutung des "Hier und Jetzt" – tragen dazu bei, Patienten und Pflegekräfte einander anzunähern. Der Umgang zwischen Patienten und Pflegekräften ist nicht in dem Maße von einer Hierarchie des Wissens und Könnens zugunsten der Pflegekräfte geprägt, wie es in anderen medizinischen Institutionen üblich ist. Für die Pflegekräfte steht "Gleichrangigkeit" im Umgang mit dem Patienten im Vordergrund:

"Also dass man doch soweit als möglich ist, den Leuten die hier liegen das Gefühl eben vermittelt, du hast hier mit niemand zu tun, der dirigiert, sondern mit Leuten, die gleichrangig sind. Und wenn wir das Glück haben und

5 Es handelt sich hier um ein Rollenangebot an den Patienten. In der Praxis zeigt sich allerdings, dass viele Patienten nicht mehr in der Lage sind, das Geschehen um sie herum zu steuern, vor allem, wenn sie – wie es die Beschäftigten ausdrücken – „zu spät" ins Hospiz kommen. Die Patienten haben dann keine Ressourcen mehr, die Rolle des Hauptdarstellers und Regisseurs auszufüllen.

wir schaffen das, dass wir uns persönlich kennen und vielleicht auch mögen, dann ist das denk' ich ein ganz weites Stück in die Richtung."

Im untersuchten Hospiz wird von Seiten der Pflegekräfte versucht, die Distanz zwischen Personal und Patienten zu überbrücken. Neben den institutionellen Voraussetzungen Überschaubarkeit und geringer funktionaler Spezifizierung, die es erleichtern, engere ("familiäre") Beziehungen zu knüpfen, wird der Umgang miteinander eher mit privaten als professionellen Interaktionskriterien betrachtet. In der Art und Weise der Informationsbeschaffung über den zukünftigen Gast scheint einerseits ein Interesse an der sozialen und persönlichen Identität des (zukünftigen) Gastes auf. In die Interaktionen fließen andererseits von Seiten der Berufsakteure auch Anteile ihrer eigenen persönlichen Identität ein: Es besteht ganz deutlich der Wunsch danach, durch die Patienten als Person mit Freuden, Sorgen und Schwächen erkannt zu werden. Darüber hinaus führen die Maximen der Hospizbewegung und die Zukunftsperspektiven des Patienten zu einer Aufwertung der Rolle des Patienten: Der Patient wird als Mittelpunkt und für seine Belange als kompetent betrachtet. Es entsteht bei den Pflegekräften der Wunsch und die Vorstellung eines gleichberechtigten Umganges miteinander, so *"wie in jeder anderen Beziehung auch"*.

Im Hintergrund allen Handelns im untersuchten Hospiz steht die "Familien-Idee". Idealtypisch stellt die Familie für den Einzelnen eine Gruppe dar, in der über das sonst übliche Maß Geborgenheit, Schutz, Vertrauen und Sicherheit erwartet werden können. Die Pflegekräfte beschreiben ihre Handlungsorientierung immer wieder in Begriffen, die diesem Familienbild entnommen sind: Es geht um das Angebot von Geborgenheit und "Gehaltenwerden" in der Not, das sich auch an die Angehörigen der Patienten richtet:

"Gemütlichkeit, Vertrauen, ja, was halt alles so zu einer Familie ... so Geborgenheit ... ja, einfach zu wissen, da ist jemand, der hilft mir, wenn ich in Not bin und hier das ist ja nun mal ein Ausnahmezustand, wenn man hier ist, man ist ja in Not."

Die Familie des Gastes soll um die Mitglieder der "Hospiz-Familie" erweitert werden, um die Last des Sterbens eines Menschen auf mehrere Schultern zu verteilen:

"Also ich glaube so das wichtigste ist, ja..., versuchen Geborgenheit zu vermitteln. Das glaube ich, wäre mein Ansinnen, das Gefühl zu geben man

wird aufgefangen und gehalten. (...) ... aber so das Gefühl ja wirklich des Aufgefangen-werdens und Gehalten-werdens und miteinander die letzte Zeit erleben, wobei ich denke, die ganze Familie ersetzen kann man nicht. Oder na ja..., sagen wir mal eine intakte Familie ersetzen, dass kann man nicht, eine Familie steht immer noch an erster Stelle."

Die Familien-Idee wird umgesetzt, indem die Beziehungen – wie beschrieben – als auf gleicher Ebene gestaltet werden und indem die tatsächliche Familie mit eingebunden, manchmal sogar zu in den Mittelpunkt der Betreuung rückt. Besonders deutlich wird der Versuch, dem Patienten eine "Hospiz-Familie" zu bieten, in den Fällen, in denen seine eigenen familiären Verhältnisse als desolat wahrgenommen werden. Dem Gast soll dann eine Umgebung geboten werden, in der er in den letzten Wochen das nachholen kann, was er in den Augen der Beschäftigten zu Hause vermissen musste: ein "richtiges Zuhause":

"Wenn er nie ein richtiges Zuhause hatte, dann denk' ich, hat er hier wirklich eine Möglichkeit, ein bisschen nachzuholen, was er ein Leben lang verpasst hat."

Die Tatsache, dass fast alle Gäste, zu denen eine (familiär gedachte) Beziehungsbrücke geschlagen wird, in absehbarer Zeit sterben werden, führt zu massiven Belastungen, die sich um das Problem von Nähe und Distanz zwischen Berufsakteuren und Patienten drehen. Die Institution selbst bietet nicht viele Möglichkeiten, sich von Sterbenden zum Selbstschutz zu distanzieren. Vor allem aber fordert die "Familien-Idee" der Hospizmitarbeiter explizite Nähe in einer Notsituation, so dass es den Beschäftigten kaum möglich ist, sich vom Sterben des anderen zurückzuziehen: Nähe zu Sterbenden ist im Hospiz normativ. Um diese selbstgewählten und gruppeninternen Anforderungen bewältigen zu können, wird auf Strategien zurückgegriffen, die im Kern als außerprofessionell zu bezeichnen sind. Die eigene Familie der Pflegekräfte bekleidet eine ganz wesentliche Stützfunktion (und ist so ebenfalls durch "Brücken" mit der Hospizarbeit verbunden), aber auch das offensichtliche Zulassen von Gefühlen wie Traurigkeit und Betroffenheit erleichtert manche belastende Situation. Nicht zuletzt besteht von Seite der Pflegenden der Wunsch nach einem "vollkommenen Abschied" vom Verstorbenen: die Beziehung zu ihm abzurunden, indem man ihm "die letzte Ehre erweist".

Die emotionalen Belastungen für die zurückbleibenden Berufsakteure nach dem unvermeidlichen Tod des Beziehungspartners bleiben trotzdem hoch: haben eine Person verloren, zu der sie aktiv Beziehungsbrücken hergestellt hatten, die sie als "Person" kennengelernt und der sie sich als "Person" genähert hatten. Und: Die Beschäftigten müssen mit diesen Abschieden immer wieder auf Neue fertig werden. Trauer wird so beinahe auf Dauer gestellt. Damit stellt sich die Frage: Warum streben die Beschäftigten - trotz dieser immensen Belastungen durch den immer wiederkehrenden Tod - stets von neuem diese emotionale Nähe an? Kurz: Was haben sie davon?

In den Gesprächen und Interviews wurde für mich immer wieder deutlich, dass die Pflegekräfte große Befriedigung daraus ziehen, im Hospiz so arbeiten zu können, wie es ihren Vorstellungen von einer "richtigen" Pflege Sterbender entspricht. Die "Familien-Idee" ist dabei Leitbild und Abbildung dessen, welche Handlungen und Ziele sie für "richtig" halten. Die in der Institution Krankenhaus beispielsweise mögliche und strukturell manchmal erzwungene Distanz zwischen Berufsakteuren und sterbenden Patienten beugt zwar einerseits emotionalen Belastungen durch den Verlust eines als nahestehend erlebten Menschen vor, schafft aber andererseits wieder emotionale Schwierigkeiten, indem Wunsch und Realität des Handelns bei manchen Pflegekräften weit auseinander klaffen. Die Beschäftigten im Hospiz dagegen haben die Gewissheit, gegenüber Sterbenden in dieser hochsensiblen und wichtigen Endphase ihres Lebens nach bestem Wissen und Gewissen gehandelt zu haben und dies mildert die Auswirkungen einer "ausbeuterischen Eigendynamik" (Streckeisen 2001) solch enger Beziehungen zu Sterbenden ab.

Literatur:

Glaser, Barney G.; Strauss, Anselm L. 1995: Betreuung von Sterbenden. Eine Orientierung für Ärzte, Pflegepersonal, Seelsorger und Angehörige. Göttingen (Vandenhoeck & Ruprecht).

Goffman, Erving 1973: Wir alle spielen Theater. Die Selbstdarstellung im Alltag. München (R. Piper & Co. Verlag).

Lau, Else Ephrem 1975: Tod im Krankenhaus. Soziologische Aspekte des Sterbens in Institutionen. Köln (J.P. Bachem).

Pfeffer, Christine 1998: Brücken zwischen Leben und Tod. Eine empirische Studie in einem Hospiz. Köln (Köppe). (= Siegener Beiträge zur Soziologie. 1)

Rohde, Johann Jürgen 1974: Soziologie des Krankenhauses. Zur Einführung in die Soziologie der Medizin. 2. überarb. Aufl. Stuttgart (Enke).

Streckeisen, Ursula 2001: Die Medizin und der Tod. Über berufliche Strategien zwischen Klinik und Pathologie. Opladen (Leske + Budrich).

Michael Schibilsky

Verantwortliches Handeln am Lebensende

Berufs- und Lebensgeschichten in der Hospizarbeit

Hospiz – Expertenschaft für Grenzbewältigung

In einem Artikel für die Evangelische Kirchenpresse in der Bundesrepublik hatte ich im September des vorigen Jahres über ethische Maßstäbe in der Altenpflege publiziert. Dabei warnte ich vor den Folgen der aus Holland zu uns dringenden Diskussion über Sterbehilfe und Euthanasie. Einige Wochen später, es war Sonntags mittags, schellte in meiner Münchner Wohnung das Telefon. Eine aufgeregt zitternde Männerstimme meldete sich aus Meschede. Dass der Anrufer höchst erregt über meine Äußerungen zur Sterbehilfe war, ließ sich bereits seinen ersten Sätzen entnehmen. Er ist mit einer holländischen Frau verheiratet, eine Angehörige von ihm ist kürzlich in hohem Alter unter schweren Bedingungen gestorben. Er warf mir am Telefon vor, dass ich folgenden Satz geschrieben hatte: In der Sterbehilfe wird versucht, soziale Probleme mit medizinischen Mitteln zu lösen. Ich hätte auch sagen können: mit medikamentösen Mitteln. Über diesen Satz war der Anrufer so empört und erregt, dass er mich anrufen wollte und mich zur Rede stellen wollte. Was die eigentliche Empörung ausgelöst hatte, habe ich erst nach geduldigem Nachfragen erfahren: Der Anrufer hat sehr gute Kontakte nach Holland und ist über die Überheblichkeit empört, mit der wir die niederländische Debatte in unserem Lande kommentieren – aus seiner Sicht oft ohne die genügende Sachkenntnis.

Menschen aus der Hospizbewegung wissen, dass die Diskussion um die Sterbehilfe in Holland nicht vor unseren Toren halt machen wird. Zugleich wissen die ehrenamtlichen Mitarbeiterinnen und Mitarbeiter in der Hospizbewegung, dass es zu den klaren Grundpositionen in der Hospizbewegung gehört, Sterbehilfe auf keinen Fall in den Blick zu nehmen. Sterbebegleitung ja, aktive Sterbehilfe nein. So heißt die prinzipielle und unveränderliche Position.

Als Praktischer Theologe, als Diakoniewissenschaftler, als Wissenschaftler, der sich mit Fragen von angewandter Theologie auseinanderzusetzen hat, komme ich an diesem Thema nicht so leicht vorbei. Zu Recht wird von wissenschaftlicher Reflexion erwartet, dass Sie sich mit Argumenten auseinandersetzt, die in einer grenzenüberschreitenden wissenschaftlichen Debatte nicht tabuisiert werden können. Es gehört zum Selbstverständnis wissenschaftlicher Reflexion, dass in Gedanken Grenzen überschritten werden, die im tatsächlichen Leben mit Fug und Recht und auch mit gewisser Klugheit gewahrt werden. Nach all dem, was sie über mein bisheriges Denken wissen, wäre es unwahrscheinlich, dass ich gleichsam über Nacht die Seite wechseln würde und nun plötzlich für aktive Sterbehilfe die Werbetrommel rühren würde. Das wird heute nicht geschehen. Zugleich aber komme ich nicht umhin von den Grenzen bisheriger Sterbebegleitung her zu fragen nach der künftigen Aufgabenstellung der Hospizbewegung. Die Hospizbewegung hat ihren Ort da, wo Menschen von ihrem Sterben wissen und wo die lebensgefährliche Erkrankung einen solchen Grad angenommen hat, dass Heilung nicht mehr zu erwarten steht. Zugleich ist das Hospiz derjenige Ort in der Gesellschaft, in dem Wissen über Vorgänge am Lebensende in besonderer Weise aufbewahrt und erinnert, reflektiert und fortentwickelt werden. Aus diesem Sachverhalt ergibt sich zwingend die Aufgabenstellung für die Hospizbewegung, in internen Diskursen und Gesprächen, in Mitarbeiterfortbildungen und Fachtagungen sich mit den Fragen der Begleitung am Lebensende auseinanderzusetzen.

Erlauben Sie mir einen schlichten aber doch nachdenklich machenden Vergleich. Ich denke daran, wie die Familie meiner Schwester in Amerika vor kurzer Zeit mit dem Lebensende ihres Haushundes, einer treuen Seele, der seit einem Jahrzehnt einfach zur Familie gehört hatte, umgegangen ist. Nachdem die Sprechstundenhilfe der tierärztlichen Klinik ihnen gesagt hatte, wie ausweglos jegliche weitere Therapie des Tieres zu sein schiene, wurde familiär Übereinkunft darüber hergestellt, dass das Tier an einem vorgegebenen Tag eingeschläfert werden sollte. Die Familie ging an diesem Tag nicht zur Arbeit, die Tierärztin kam zum vereinbarten Termin, setzte sich zuerst zu dem Tier – "Ich muss mir seine Zustimmung einholen", sagte sie – das Tier erhielt zuerst eine Betäubungsspritze und anschließend die tödliche Injektion. Es schlief ohne sichtliche Anstrengungen und Qualen ein und verstarb. Anschließend wurde das Tier von der Familie beerdigt. Auch die Trauer der Familie zeigte alle Momente, die auch bei Trauer über enge Vertraute uns bekannt sind. Hinzu kam das ambivalente Gefühl, den Hund einerseits erlöst, andererseits getötet haben zu lassen.

Mit großer Selbstverständlichkeit hat sich in der medizinischen Forschung die Möglichkeit ergeben, dass Menschen über den Beginn menschlichen Lebens technisch verfügen können. Ethisch gesehen ist hier eine Grenze überschritten, die für Jahrtausende lange Menschheitsgeschichte unüberschreitbar war. Die technischen Möglichkeiten gehen der ethischen Reflexion voraus. Der Mensch muss mit seinem Gewissen verantworten, was er forschend und handwerklich tun kann.

Wir leben deshalb unter Bedingungen, in denen die Grenzen des Lebens sowohl was den Anfang als auch was das Ende des Lebens angeht neu bedacht und verantwortet werden müssen. Das ist keine einfache Aufgabe. Zugleich aber ist sie auch nicht vermeidbar. Die Hirntoddebatte der vergangenen acht Jahre hat uns gelehrt, dass bei diesen Fragen nicht nur der Rechtsschutz von möglichen Patientinnen und Patienten, sondern auch der Rechtsschutz Helfender und Behandelnder, also kurativer Medizin zur Debatte steht. Ein Arzt, der wegen Körperverletzung angeklagt zu werden droht, weil er Organe transplantiert, wird sich rechtlich abzusichern suchen. Nicht zu Unrecht ist diese Debatte besonders als eine juristische Debatte geführt worden. Es geht um Rechtssicherheit insbesondere für die Transplantationsmedizin. Ich komme auf den engeren Kern unseres Themas zurück. Es gibt ernsthafte Vertreter diakonischer Einrichtungen, die in ausführlichen Gesprächen mit Mitarbeiterinnen und Mitarbeitern, der von ihnen zu verantwortenden Hospizbewegung sich die Frage stellen, welche Möglichkeiten der Therapiebegrenzung und das heißt medizinisch gestalteten Sterbebegleitung zu setzen sind. Sie werden von mir heute kein Patentrezept im Verhältnis zur Sterbehilfedebatte erhalten. Vielmehr möchte ich den Weg und die Methode untersuchen, die zur Lösung der anstehenden Fragen dienen soll. Es geht darum zuerst um möglichst präzise Begriffsarbeit. Revolutionen geschehen heute nicht mehr dadurch, dass Menschen Bahnhöfe besetzen, sondern dass sie Begriffe besetzen. Das ist übrigens eine biblische Wahrheit. Es geht also um gedankliche Klarheit, um einen menschlichen Umgang mit Menschen in Notsituationen. Es ist bekannt, dass auch in der Bundesrepublik die Beihilfe zum Suizid nicht strafbewehrt ist. Es gibt darum durchaus ernsthafte Vertreter der Position, dass in der Hospizbewegung zwar keine aktive Sterbehilfe geleistet wird, dass aber die Patienten nicht gewaltsam daran gehindert werden dürfen, ihrem Leben medikamentös ein früheres Ende zu setzen.

Der Vorwurf, der der Hospizbewegung in diesem Zusammenhang immer wieder gemacht wird, lautet: Ihr nehmt das Selbstbestimmungsrecht eurer Patienten nicht ernst, wenn sie um aktive Sterbehilfe bitten. Zugleich gibt es den umgekehrten Vorwurf: Ihr verabsolutiert die Autonomie des Patienten. Der Patient wird überfordert mit der Aufgabenstellung, auch noch sein eigenes Ende organisieren und verantworten zu müssen. Auch an dieser Stelle bleibt der sterbende Mensch ein soziales Wesen und muss eingebunden bleiben in Systeme der Assistenz und verantwortlichen Gestaltung von Lebensgemeinschaft.

Mit dem Argument "Wir werden das Leben nicht beenden, uns sind die Hände gebunden, wir dürfen hier nicht handeln!" ist in der Hospizbewegung eine gewisse Erleichterung entstanden, in dieser Diskussion mit einem klaren Standpunkt auch öffentlich verstehbar zu machen, was Hospizbewegung im Kern bedeutet. Ich behaupte jedoch, es geht um einen weiteren Schritt. Es muss in der Gesellschaft Orte geben, an denen auch die Grenzen solcher Grenzfragen gestellt und bedacht werden. Wenn es tatsächlich Augenblicke am Ende des Lebens gibt, wo sich auch bei bester palliativmedizinischer Versorgung unzumutbarer und unerträglicher Schmerz einstellt, der nicht mehr medikamentös aufgefangen werden kann, dann stellt sich die Frage der aktiven Gestaltung der Pflege des Sterbenden. Noch einmal, es geht hier um möglichst präzise begriffliche Arbeit. Es geht um Situationen, die in der alltäglichen Hospizarbeit vertraut sind. Und es geht um die Verantwortung, diese Fragen bedenken zu dürfen und zu müssen. Nach all dem, was an empirischen Erkenntnissen aus der Hospizbewegung sich erheben lässt, scheint der Gedanke naheliegend zu sein, dass es tatsächlich ein tabuisiertes Wissen von Mitarbeiterinnen und Mitarbeiter in der Hospizbewegung über die Notwendigkeiten von Sterbehilfe am Lebensende gibt. Es geht zugleich ein unausgesprochenes Einvernehmen darüber, diese Fragen nur bis zu einer bestimmten Grenze zuzulassen.

Zugleich haben wir uns damit auseinanderzusetzen, dass im europaweiten und weltweiten Vergleich wir in der Bundesrepublik mit einer Sondersituation zu tun haben, die ausschließlich aus der Geschichte hergeleitet werden kann. Nun wird sich diese geschichtliche Besonderheit niemals aufheben lassen, wohl aber wird sie in der Praxis der Debatte reflektiert und relativiert werden. Wir sollten uns deshalb an dieser Stelle etwas gründlicher mit der holländischen Debatte auseinandersetzen, insbesondere im Hinblick darauf, was in Holland aus der holländischen Hospizbewegung geworden ist, wie angesichts einer in der öffentlichen Diskussion veränderten Rahmenbedingungen zu handeln gelernt hat. Zum einen sind die Bedingungen, die für die aktive Sterbehilfe in der holländischen Debatte eingerichtet worden sind, transparent, nachvollziehbar und intersubjektiv nachprüfbar. Das allerdings auch mit diesem verfahren nicht gelungen ist, ist das Absenken der Dunkelziffern, die in diesem Bereich gerade in der Medizin vorzuliegen scheinen. Das aber war eines der Anliegen der holländischen Gesetzgebung. Zugleich ist in Holland das Hospiz der einzige Ort, wo Menschen sicher sind, dass sie nicht mit medizinischen Mitteln aus dem Leben befördert werden. Allerdings gibt es dort auch nur zehn stationäre Hospize insgesamt.

Das Argument der Patientenautonomie ist insbesondere in der Bundesrepublik über die Diskussionen zwischen Walter Jens und Hans Küng, beide Tübingen entfacht worden. Ich teile deren Positionen nicht, muss mich gleichwohl aber mit ihnen auseinandersetzen. "Walter Jens und ich, so schreibt Hans Küng, möchten für ungezählte ungenannte Patienten sprechen, deren Schicksal uns nahe geht. Ihr oft unerträgliches Einzelschicksal soll nicht in einer hochtönenden ethischen, juristischen und theologischen Grundsatz-Debatte untergehen."

Seine 1. These heißt: "Nach christlicher Überzeugung ist das menschliche Leben, das der Mensch ja nicht sich selber verdankt, letztlich eine Gabe Gottes. Aber zugleich ist das Leben nach Gottes Willen auch des Menschen Aufgabe. Es ist so in unsere eigene (nicht fremde!) verantwortliche Verfügung gegeben. Dies gilt auch für die letzte Etappe des Lebens, das Sterben. Sterbehilfe ist zu verstehen als ultimative Lebenshilfe." Hier werden aus meiner Sicht die Begriffe gewechselt. Wir haben zu prüfen, ob diese Begriffsveränderung eine Begriffsverfälschung ist. In der gegenwärtigen Diskussion geht es auch um die Rechtssicherheit der Ärzte. Der Kern seiner Argumentation findet sich in These 16: Niemand soll zum Sterben gedrängt, aber auch niemand zum Leben gezwungen werden. Die Entscheidung liegt beim betroffenen leidenden Menschen. Und weiter in These 18: Wer an ein ewiges Leben in Gott glaubt, braucht um eine möglichst ewige Verlängerung des irdischen Lebens nicht besorgt sein. "Wenn das Beenden des Lebens verantwortlich geschieht – so schließlich die These 20 – wird man keinesfalls von "Mord", besser auch nicht von "Töten" oder gezielter Tötung reden, sondern von der "Hilfe zum Sterben": von der Hilfe beim ohnehin gegebenen Sterbeprozess aus Barmherzigkeit und in der Achtung vor dem freien Willen des leidenden Menschen. Von Seiten des Patienten wird man dann reden von der "Hingabe des Lebens", die, wenn die Zeit des Sterbens gekommen und der Mensch gut vorbereitet ist, auch durchaus in Gefasstheit und Ergebenheit, in verschämter Dankbarkeit und hoffender Erwartung geschehen kann: eine Rückgabe des Lebens in die Hände des Schöpfers, der ein Gott der Barmherzigkeit ist und nicht ein grausamer Despot, der den Menschen möglichst lange in der Hölle seiner Schmerzen oder der reinen Hilflosigkeit sehen will." Soweit Hans Küng. Argumente, die ich höre, aber nicht teile. Weil ich die unerwünschten Nebenwirkungen seiner Argumente mitbedenken muss. Darauf gehe ich später noch ausführlich ein.

Die Gegenargumente fasst etwa die Ärztin für Innere Medizin, Frau Dr. med. Maria Overdick-Gulden zusammen: Aus der Tatsache, dass gestohlen wird, kann man kein Recht auf Diebstahl ableiten. Auch wenn in ärztlicher Praxis getötet wird, bei Abtreibungen, beim Einschläfern, ergibt sich daraus keine Rechtfertigung solchen Tuns. Vielmehr hat der Arzt die Pflicht, den Sterbenden nicht allein zu lassen: Die ärztliche Aufgabe heißt: Heilen, lindern, trösten. "Wir dürfen das Sterben nicht zum tötenden Einschläfern verunstalten"

Eine vergleichsweise einfache Situation liegt solange vor, wo die Patienten selber den Tod nicht wünschen, aber die mitleidenden Angehörigen mit ihrem eigenen Mitleid nicht zurechtkommen. Diese Situation ist häufiger gegeben als wir uns das vorstellen können. Es gehört geradezu zur Wechselseitigkeit der Perspektiven, dass die Leidenden ihre Leiden besser hantieren können als die Angehörigen, die anstatt mitzuleiden "wehleiden". In dieser Situation bedarf es therapeutischer Begleitung insbesondere der Angehörigen, manchmal gehört auch die Entlastung der Angehörigen gegenüber den Patienten mit zum therapeutischen handeln.

Schwieriger wird die Situation, wenn die Erkrankung ein solches Stadium erreicht hat, dass durch Pflege ein unerträglicher Leidenszustand verlängert wird. Die Frage heißt: Gibt es eine Unterscheidung zwischen sterbensverlängernder Pflege und sterbensbegleitender Pflegebegrenzung? Mit Pflegebegrenzung ist nicht die Beendigung liebevoll pflegender Zuwendung gemeint, sondern das Begrenzen von Möglichkeiten, die dem Körper ein würdiges Ende des Lebens, die dem Patienten ein natürliches Sterben erschweren oder gar verunmöglichen. Der Begriff des natürlichen Todes ist in der Thanatologie immer wieder diskutiert worden und auch zu recht immer wieder in Frage gestellt worden. Natürlicher Tod meint in diesem Zusammenhang ein nicht durch Fremdeinwirkung verursachtes Sterben.

Wir möchten diese Aufgabe nicht allein den Medizinern und auch nicht allein den Pflegexperten überlassen. Hier ist die kritische Auseinandersetzung aller Disziplinen erforderlich. Ich plädiere nicht für ein voreilige Lösung des Problems in der Form, wie sie in Holland praktiziert wird. Zugleich aber ist es unsere Pflicht, mit Sorgfalt die Debatte in unseren europäischen Nachbarländern wahrzunehmen.

Darum zitiere ich Passagen aus dem "Gesetz über die Kontrolle der Lebensbeendigung auf Verlangen und der Hilfe bei der Selbsttötung": "Wir, Beatrix, von Gottes Gnaden Königin der Niederlande, Prinzessin von Oranien-Nassau usw. allen, die dies lesen oder hören ... lassen wissen, dass Wir, in der Erwägung, dass es wünschenswert ist, in das Strafgesetzbuch einen Strafausschließungsgrund für den Arzt aufzunehmen, der unter Berücksichtigung der gesetzlich zu verankernden Sorgfaltskriterien Lebensbeendigung auf Verlangen vornimmt oder

Hilfe bei der Selbsttötung leistet, und dazu gesetzliche Vorschriften für ein Melde- und Kontrollverfahren zu erlassen nach Anhörung des Staatsrats und im Einvernehmen mit den Generalstaaten folgendes Gesetz gutheißen und billigen: (Kap. I: Begriffsbestimmungen)... Kap. II: Sorgfaltskriterien: : "dass der Arzt a) zu der Überzeugung gelangt ist, dass der Patient seine Bitte freiwillig und nach reiflicher Überlegung gestellt hat, b) zu der Überzeugung gelangt ist, dass der Zustand des Patienten aussichtslos und sein Leiden unerträglich ist, c) den Patienten über dessen Situation und über dessen Aussichten aufgeklärt hat, d) gemeinsam mit dem Patienten zu der Überzeugung gelangt ist, dass es für dessen Situation keine andere annehmbare Lösung gibt, e) mindestens einen anderen, unabhängigen Arzt zu Rate gezogen hat, der den Patienten untersucht und schriftlich zu den unter den Buchstaben a bis d genannten Sorgfaltskriterien Stellung genommen hat, und f) bei der Lebensbeendigung oder bei der Hilfe bei der Selbsttötung mit medizinischer Sorgfalt vorgegangen ist."

Kap. III: Regionale Kontrollkommissionen für die Kontrolle der Meldungen von Fällen von Lebensbeendigung auf Verlangen und Hilfe bei der Selbsttötung, der ein Jurist, (Vorsitzender), ein Arzt und ein Sachkundiger in Ethik- und Sinnfragen angehören. Soweit der Blick in die Niederlande.

Auch in der Schweiz liegen Bedingungen vor, die einer aktiven Beendigung des Lebens bei unheilbarer Erkrankung durchaus gegenüber offen sind. Ich denke daran, dass gerade ältere Menschen sich ausdrücklich gegen den Gedanken wehren, mit Hochleistungsmedizin an einem normalen Sterben gehindert zu werden. Solange in dieser Angelegenheit kein erklärter Wille des Patienten vorliegt, ist die Medizin gezwungen zu handeln. Die Frage der Entlastung der Medizin und der Pflege ist zuerst eine Frage an die Patienten selber. Zugleich muss ein gesellschaftlich ein Konsens darüber hergestellt werden, wie wir den fließend gewordenen Grenzen des Lebens am Lebensbeginn und am Lebensende mit ethischen Kriterien begegnen wollen. Dabei kann nicht das einzige Argument die Leidfreiheit oder Leidvermeidung sein. Der amerikanische Philosoph Richard Rorty hat darauf hingewiesen, dass das eigentlich Menschliche sich erst dann uns erschließt, wenn wir die Schmerzpunkte des Lebens aufsuchen und wahrnehmen. Dabei geht es nicht um künstliches Herbeiführen von Schmerzen, sondern um die Frage, ob wir uns unserer Schmerzen, unserer Schmerzpunkte überhaupt bewusst sind. Ich gehe davon aus, dass es in unserer Kultur Konstruktionen gibt, in denen Schmerzen, ich meine damit nicht nur körperliche Schmerzen, sondern auch seelische Verletzungen, in der also Schmerzpunkte ihrerseits tabuisiert und aus der Wahrnehmung ausgegrenzt, der eigenen Wahrnehmung vorenthalten und entzogen. Es bedarf eines gemeinsamen Empfindens, dass Schmerz uns den Weg zu einer Lösung zeigen kann. Schmerzempfindung soll nicht idealisiert werden, aber auch nicht tabuisiert werden. Schmerz ist nicht die höhere Kunst der Wahrnehmung, aber es ist eine andere Kunst der Wahrnehmung. Dietrich Bonhoeffer hat eine ähnliche Grunderfahrung so beschrieben: "Ich glaube, dass Gott uns in jeder Notlage so viel Widerstandskraft geben will, wie wir brauchen. Aber er gibt sie nicht im Voraus, damit wir uns nicht auf uns selbst, sondern allein auf ihn verlassen."

Wir haben es hier mit einem laufenden Prozess zu tun haben. Wir müssen uns mit der Lebensbewältigung an den schwierigsten Stellen des Lebens auseinandersetzen, müssen nach Normen, nach ethischen Maßstäben fragen, die verlässliche Orientierungen ermöglichen. Dabei rechne ich fest damit, dass diejenigen, die über zahlreiche Erfahrungen in der Sterbebegleitung verfügen, ein Wissen erworben haben, das der Gesellschaft insgesamt zur Lösung dieser Fragen zur Verfügung gestellt werden muss. Dieses Wissen ist kein normatives Argumentations- und Faktenwissen, sondern ein weiches intuitives, pfleglich zu behandelndes *Lebenswissen.*

Die gründlichste Argumentation zum Thema Sterbehilfe habe ich bei dem Züricher Ethikprofessor Johannes Fischer gefunden. In seinem Beitrag "Aktive und passive Sterbehilfe". weist Fischer darauf hin, dass ein Tötungsverbot gegenüber Menschen offenbar universal und in allen Religionen und Kulturen anzutreffen ist (S. 77). "Offenbar geht es hier um eine fundamentale Bedingung menschlichen Lebens und Zusammenlebens, und man sollte es sich daher in diesem Punkt nicht zu leicht machen. Die folgende Überlegung geht von der personalen Verfasstheit menschlicher Existenz aus und zielt auf die These, das Tötung eines Menschen unvereinbar ist mit seinem Person-Status." Im Kern geht es um drei Argumente: 1) ist die Entpersonalisierung des Tötungsvorganges zu nennen. Die Tötung gilt nicht der Person des Sterbewilligen, sondern sie befreit, als ärztliche Maßnahme, diese Person von einem unerträglich gewordenen physischen Leben. Zweitens: Die Tötungshandlung wird von den beteiligten auf eine höheren Notstand zurückgeführt, dem Tod der Charakter des unabwendbaren Geschicks gegeben und auf diese Weise die Integrität der Person-Beziehung gewahrt: Nicht in dieser liegt der Grund für die Tötung, sondern in einer für alle Beteiligten unerträglich gewordenen Notlage [Notlagenargument]. Der dritte und wohl wichtigste Grund ist die sich schleichend vollziehende Ausgliederung des Lebensendes aus den gewohnten personalen bzw. sozialen Bezügen. Damit entfällt die Notwendigkeit entsprechender Rücksichten, und das hat zur Folge, dass die Vorstellung, der Tod sei etwas, das nicht herbei geführt werden darf, sondern abgewartet werden muss, ihren Sinn verliert. "Wo nicht mehr gemeinsam gewartet wird, sondern einsam auf den Stationen der Krankenhäuser und Pflegeheime, da ist nicht mehr einzusehen, warum überhaupt gewartet werden soll und nicht vielmehr einem jeden freigestellt werden kann, das Warten entweder selbst zu beenden oder beenden zu lassen." (S.78) ... "Wenn der Gedanke, dass der Tod nicht herbei geführt werden darf, sondern abgewartet werden muss, seine Begründung aus der zu wahrenden Integrität der Person-Beziehung bezieht, dann verliert dieser Gedanke seinen Sinn, wenn das Lebensende aus den eingelebten sozialen Bindungen herausgegliedert wird und dadurch zu etwas wird, was der einzelne mit sich alleine abmachen muss. Das aber ist heute weithin der Fall." (S. 85)

Abschließend betrachtet er das Problem der Sterbehilfe unter der Perspektive des christlichen Glaubens:

"1. Der christlich Glaube weiss um eine Dimension von Person-Beziehung, welche auch unter den defizitären Bedingungen heutigen Sterbens unverlierbar ist. Wer seine Existenz so sehen kann, dass Gott auf ihn als Person bezogen ist und ihn als Person begleitet, der muss sein Sterben nicht mit sich selbst alleine abmachen. Für den bleibt vielmehr das Sterben ein Geschehen in der Sphäre der Person-Beziehung und ist nicht bloß physisches Ableben."

"2. Wenn ein Humanes Sterben die Sphäre der Person-Beziehung einschließt, dann ist es der abstrakten Selbstbestimmung des Einzelnen entzogen, denn es ist dann in Beziehungen eingebettet, die nicht nur der Bestimmung eines Einzelnen anheimgestellt sind. Von daher gewinnt der heute viel kritisierte Gedanke seinen humanen Sinn, dass Leben und Sterben in letzter Instanz nicht in der Hand des Menschen ist, sondern bei Gott steht, und dass damit die menschliche Existenz auf ihrem tiefsten Grund nicht Selbstbestimmung und Aktivität, sondern Passivität ist. Dieser Gedanke entzieht Leben und Sterben der Verfügung des Einzelnen und wahrt so eine entscheidende Bedingung menschlichen Zusammenlebens."

"3. wenn das Warten auf den Tod allein um des gegenüber Personen geltenden Tötungsverbots willen notwendig und verordnet wäre, dann wäre es ein in sich sinnloses Ausharren in der Zeit. Einen Sinn gewinnt es erst von anderen Bezügen her, allem voran der Zuwendung, mit der Angehörige oder andere Personen den Sterbenden begleiten. Entscheidende Voraussetzung hierfür ist, dass Menschen die Begleitung eines Kranken oder Sterbenden als die *ihnen jetzt bestimmte* Aufgabe verstehen können."

"4. ... Die Theologie darf nicht die Augen davor verschließen, dass das Warten auf den Tod unter heutigen Bedingungen, bei der professionellen Verwaltung des Siechtums und Sterbens in darauf spezialisierten Einrichtungen, tatsächlich weithin als sinnloses Ausharren in der Zeit erfahren wird."

Die deutsche Antwort auf die gegenwärtige Diskussion um aktive Sterbehilfe wird auf zwei Ebenen zu geben sein:

- Zum einen werden wir auf die jüdisch christliche Tradition und die ambivalente historische Erfahrung unseres Landes zu verweisen haben und darin die uns als historische Aufgabe gegebene Verpflichtung: Die Gefährdung des Menschen durch Selbstüberschätzung und durch Verharmlosung in Erinnerung zu bringen.
- Zum anderen hat sich eine flächendeckende palliativmedizinische Versorgung und Sterbebegleitung in der Form der Hospizbewegung entwickelt. Mit dieser Hospizarbeit und einer flächendeckenden paliativmedizinische Versorgung wird das Versprechen einer menschlichen Pflege und Begleitung bis zum Lebensende verbunden.
- Das bedeutet: Niemand in unserem Lande braucht aus Angst vor schmerzhafter Erkrankung in einen durch andere herbeigeführten Tod hinein zu flüchten.

Damit ist jedoch noch nicht die Frage behandelt, wie mit Menschen umzugehen ist, die über Wochen, Monate und Jahre nicht mehr bei Bewusstsein sind und ausschließlich auf Pflege anderer angewiesen sind. Sowohl aus den Reihen der unmittelbaren Angehörigen als auch von professionell Pflegenden – wenngleich nicht ohne ein schlechtes Gewissen – kommen Überlegungen, diese Pflegebedürftigkeit und Pflegenotwendigkeit in Frage zu stellen. Gerade von älteren Menschen, die in Pflegeeinrichtungen täglich erleben, wie der Alltag dieser Schwerstpflege aussieht, äußern den Wunsch, nicht in völliger Abhängigkeit von anderen über Jahre hinweg "dahinvegetieren zu müssen".

Bei genauerem Nachdenken ist jedoch zu konstatieren: Es sind in diesem Fall nicht die Motive, Herrschaft über die eigene Lebensgrenzen auszuüben, sondern der Wunsch, anderen nicht zur Last fallen zu wollen. Dass dieses Motiv ehrenwert ist, steht nicht in Frage. Hier wird eine Lebenshaltung und Lebenseinstellung zum Ausdruck gebracht, die in einer prosozialen Gesellschaft durchaus ihre Berechtigung, die aber im Kern mit der Frage aktiver Sterbehilfe nichts – gar nichts zu tun hat.

Es wird also nicht in Zweifel gezogen, dass es ein Selbstbestimmungsrecht des Menschen gibt – zugleich aber werden diesem Selbstbestimmungsrecht des Menschen deutliche Grenzen gesetzt. Diese Grenzen sind ohnehin dort gegeben, wo die Rechte anderer Menschen berührt sind und wo sich die Rechte auf einen Bereich beziehen, der aus wohlüberlegten Gründen sich der subjektiven

Verfügbarkeit des Einzelnen zu entziehen hat – nicht zuletzt aus Gründen des Schutzes des Menschen vor sich selber.

Es gehört zur Professionalität von Pflege, auch dann weiter zu pflegen, wenn Kommunikation zwar nicht mehr möglich, das Leben noch nicht erloschen ist. Davon zu unterscheiden ist die durch Pflege verhinderte oder gar erschwerte Form des Sterbens. Ich weiß, dass genau dies eine äußerst kritische Gradwanderung ist und behaupte nicht, dass es sich hier um einfach Fragen handelt. Im Gegenteil es geht um die schwierigsten Fragen zwischen Leben und Tod, die in der Praxis der Pflege behandelt werden. Das heißt aber doch zugleich: Pflege ist kostbar. Und Pflege muss deshalb auch auf der Kostenseite deutlich teurer werden. Es bedarf hier einer höheren Professionalität. Es bedarf der Supervision, es bedarf der Reflexion, es bedarf der Reflexion gerade der Grenzen medizinischer pflegerischer Leistungsfähigkeiten.

Es bleiben Ambivalenzen. Genau diese große Nähe ist die größte Gefährdung von fachlich angemessener – menschlich gebotener Pflege. Zur Pflege gehört nicht nur Nähe, zur Pflege gehört auch die Fähigkeit zur Distanz, auch die Fähigkeit zur Selbstreflexion. Gerade das ist in der Pflege der engsten Angehörigen oft besonders erschwert.

Darum ist es sinnvoll und notwendig, gerade in diesen Fragen fachliche Hilfe in Anspruch zu nehmen. Gerade das Balance- und Spannungsverhältnis zwischen Töchtern und Eltern – denn es sind ja vor allem pflegende Frauen, die als Erwachsen gewordene Kinder ihre Eltern pflegen – leiden häufig darunter, dass sich das erziehungsbedingte Abhängigkeitsverhältnis aus der eigen Kindheit im hohen Alter plötzlich wieder reaktualisiert und eine angemessene pflegerische Beziehung geradezu definitorisch verunmöglicht.

Zur sorgfältig reflektierten Frage im Umgang mit den Lebensgrenzen gehört dann auch die Frage der Gewalt in der Pflege. Dies ist ein düsteres Kapitel, die Schattenseite von professionalisierter Pflege, aber auch eine Schattenseite, die in persönlichen verwandtschaftlichen pflegerischen Beziehungen nicht verschwiegen werden darf. Gewalt in der Pflege ist immer ein Indikator dafür, dass eine chronische Überforderungssituation vorliegt, die fachlich angegangen werden muss. Eine solche fachliche Behandlung ist aber dann und nur dann möglich, wenn Distanzfähigkeit vom Grundsatz her gegeben ist. Und das ist in einem engen verwandtschaftlichen eben gerade nicht gegeben. Abhängigkeit und Co-Abhängigkeit bedingen einander und sind gerade in der Pflege an den Lebensgrenzen von größter Problematik.

Sie merken, dass wir über die Diskussion zu aktiver Sterbehilfe längst angekommen sind bei der Frage der Menschenwürde an den Anfängen und an den

Grenzen des Lebens. Ich schließe mit dem Bericht der Theologin Dorothee Sölle über die Begleitung beim Sterben ihrer Mutter: In den "Gedanken zum Tod meiner Mutter" erzählt die Theologin Dorothee Sölle ein Beispiel praktischer Seelsorge: "Vor zwei Jahren ist meine Mutter gestorben, sie war in diesem Sommer 87 Jahre alt geworden. ... (Die Erzählerin ist auf einer Italienreise, um dort ein Buch zu schreiben, als immer schlechtere Nachrichten über den Zustand der Mutter eintreffen.) Drei Nächte hintereinander träumte ich den gleichen Traum. Ich sah meine Mutter im Bett liegen und um Hilfe rufen, konnte aber kein Glied rühren und, schlimmer, ich wusste nichts zu beten. Dann war ich im Garten und traf meine Mutter in ihrem weißen Küchenkittel. Auf meine Frage, wie es ihr jetzt gehe, sagte sie: 'Jetzt wieder gut.' Sie sah jünger aus und war nicht bis zum Skelett abgemagert. Ich wachte auf, erleichtert. Erst als mir dasselbe ein drittes Mal im Traum begegnete, fiel mir auf, dass der weiße Kittel wohl nicht nur ein Arbeitskleid war; ich dachte an das weiße Kleid, das in der Bibel den Erlösten versprochen ist, und wunderte mich, dass ich es nicht gleich verstanden hatte, ein Zeichen des Friedens. Danach entschloss ich mich - auf einmal leichten Herzens - den Urlaub abzubrechen und zu meiner Mutter zu fahren. Ich war dann die letzten acht Tage und neun Nächte bei ihr. Zunächst erkannte sie mich nicht, hielt aber meine beiden Hände mit ihren knochendürren Händen fest. ... Sicher beruhigte sie die Berührung und meine halblaute, aber feste Stimme. Dann fiel mir ein zu singen, weil die Worte nicht trugen. Ich sang 'Befiehl du deine Wege', ein Kirchenlied, das sie gern hatte und das ihr eine meiner Töchter zum 80. Geburtstag aufgesagt hatte. ... Sie wurde dann ruhiger und schlief ein. In den folgenden Nächten und Tagen habe ich viele Stunden lang gesungen. Ich besorgte mir ein Gesangbuch und las die Strophen nach, die mir fehlten. Ich entdeckte, dass fast alle Lieder das Sterben einbeziehen, auch wenn sie vom anbrechenden Morgen oder den ruhenden Wäldern am Abend handeln. Bei dem Vers: 'Der Leib eilt nun zur Ruhe / legt ab das Kleid, die Schuhe, / das Bild der Sterblichkeit', nickte meine Mutter und streckte ihr Füße. Ich wusste nicht, wie weit sie die Fortsetzung mithörte: 'die zieh ich aus, dagegen / wird Christus mir anlegen / den Rock der Ehr und Herrlichkeit.' Mein Traum vom anderen Kleid kam mir in den Sinn. Alles, was ich sang, schien mir in Beziehung zu ihr zu stehen. Ihre Füße waren blau und geschwollen, aber Paul Gerhardt wusste mehr als dies über die Füße meiner Mutter zu sagen. 'Der Wolken, Luft und Winden / gibt Wege, Lauf und Bahn, / der wird auch Wege finden, / da dein Fuß gehen kann.' ... So sang ich auch das sentimentale Lied 'So nimm denn meine Hände' in Erinnerung an meine Patin, die Diakonisse in Bethel war. Sie ist vor über fünfzig Jahren gestorben. Sie war die erste Tote, die ich als Kind bewusst sah. ... Ich lud die Toten, die meine Mutter geliebt hat, ein dazusein und mit ihnen die Vergangenheit. Ich sang auch 'Guter Mond, du gehst so stille durch die Abendwolken hin', ein Lied, das sie noch ihrem Urenkel sang wegen des zärtlichen Verses 'Leuchte freundlich / den Betrübten / in das stille Kämmerlein'. ... Hin und wieder habe ich auch einen Psalm gesprochen, den 23. und den 126. Psalm vor allem. Aber es schien mir fast, als ob die Fremdsprache lateinischer Gebetsrufe näher an sie herankam. ... Das Singen und Beten, wie es in der dörflich-katholischen Kultur noch lebendig ist, ist eine Hilfe im Übergang für die im Sterben Begriffenen wie für die sie Begleitenden. 'Swing low, sweet charriot', habe ich für die Mutter wie für mich selber gesungen, 'coming to carry me home.' ... Am ersten Abend hatte ich den Vers 'Wenn ich einmal soll scheiden' kaum zu Ende bringen können, weil mir die Tränen kamen. Am letzten Abend sang ich es ruhig, und bei der folgenden Strophe 'Erscheine mir zum Bilde / zum Trost in meinem Tod' dachte ich an die vielen verschiedenen Bilder, die beim Sterben auftauchen, aus der Kindheit, aus der Angst, verlassen zu werden. ... Das letzte Lied, das ich sang, was 'Herr, erbarme dich'. Meine Mutter atmete seit längerem zum ersten Mal wieder stetig, wenn auch kurz; ich hatte meine Hand auf ihre gelegt, ihr Gesicht war ganz entspannt. Der letzte Seufzer war leicht, wie ein erstauntes 'ach'. Einen Augenblick lang zweifelte ich an der Präsenz des lang Erwarteten. Aber er war schon ins Zimmer getreten." (Dorothee Sölle, Gedanken zum Tod meiner Mutter, in: Gerta Scharffenorth, [Hrsg.], Werft Eure Zuversicht nicht weg! Alterserfahrungen im Spiegel der Bibel, Freiburg: Herder 1992, S. 143-149).

Ich schließe mit einem kurzen Text der großen Familientherapeutin Virginia Satir, die uns zeigt, wie wir im Leben und im Sterben Abschied nehmen können:

"Ich will Dich lieben
ohne Dich festzuhalten,
will mir ein Urteil bilden
ohne Dich zu verurteilen
will Dir nahe sein
ohne in Dich zu dringen
will Dich ermutigen
ohne Dich zu überfordern
will von Dir gehen
ohne Schuldgefühle,
will an Dir Kritik üben
ohne Dich zu verletzen
und will Dir helfen
ohne Dich abhängig zu machen.
Wenn ich dasselbe
von Dir erfahren kann,
dann können wir uns wirklich
begegnen
und einander bereichern."

Und dann auch Abschied nehmen.

Alfred Drees

Prismatische Sterbebegleitung

Sterbende und krebskranke Patienten finden in unserer Gesellschaft, so auch in der heutigen Medizin kaum Gesprächspartner. Auch Psychotherapeuten und Theologen tun sich schwer mit dem Trauma des "sterben müssen". Dieses Trauma zu überwinden, gelingt im Rahmen intuitiver Gespräche, mit deren Hilfe Facetten gelebten Lebens wieder erinnert werden können, mit denen Patienten "erwachsenes Sterben" ermöglicht wird. Hierüber lässt sich die blockierte Kommunikation zwischen Patienten, Angehörigen, Therapeuten und Helfern in der Sterbeszene auflösen. Der Horizont bisher gelebten Lebens sterbender Patienten kann sich erneut entfalten. Die intuitive Gesprächsorientierung kann darüber hinaus Konfliktspannungen und "burn out Symptome" bei den Mitarbeitern sterbeintensiver Abteilungen verringern helfen und hierbei Einsichten in sinnlich imaginative Kommunikationsformen vermitteln.

Medizin und Sterben

Sterben und Tod sind in dieser Gesellschaft, in unserer Medizin, ein Tabu. Trauer, Verzweiflung, depressive Krisen und infantile Proteste der Patienten verunsichern Angehörige wie ärztliche und pflegerische Betreuer. Sie lassen den Sterbenden häufig allein, zum Teil würdelos, unter inhumanen Bedingungen. Tod und Sterben scheinen ein Anachronismus in unserer Zeit. Zwei Weltkriege sowie umfassende Ausrottungsfeldzüge können sich mit vergleichbaren Massentötungen in der hieran nicht armen Geschichte durchaus messen. Und doch erreicht uns das memento mori nicht, das nach dem Dreißigjährigen Krieg den Menschen lange und tief bewegte. Tägliche Meldungen über tödliche Karambolagen, weltweiter Medienverbund über Katastrophen und Sterben halten uns wach, machen uns jedoch kaum noch betroffen. Der Tod scheint besiegt.

Die Medizin übernimmt in der Sterbeszene ungewollt eine fatale Rolle. Auf dem Höhepunkt ihres Erfolges, im Kampf gegen die Seuchen, in ihrer operativen Universalität hat sie die Fiktion aufrechtzuerhalten, dass der Tod besiegt, dass Krankheit lediglich eine Betriebsstörung und dass Gesundheit durch ein Auswechseln schadhafter Teile wieder herstellbar sei. Gleichzeitig werden immer mehr Sterbende in unsere Krankenhäuser abgeliefert mit der Bitte, sie "nicht mehr zu lange zu quälen". Dabei wächst die Anzahl subakut und chronisch Sterbender, die maschinell oder medikamentös ihr Leben auf Zeitraten bei uns erhalten, die von uns abhängig bleiben. ÄrztInnen und KrankenpflegerInnen, Zeitgenossen der ihnen zum Sterben anvertrauten Patienten, fühlen sich nicht selten hilflos und überfordert. Die Berufsausbildung hatte ihnen nichts gesagt vom Tod, vom Umgang mit Sterbenden. Ihr Beruf sei die Überwindung von Tod und Leid, ihr Selbstverständnis das positivistische Weltbild des heutigen Menschen, der Glaube an die umfassende Heilkunst der Medizin.

Angehörige von Sterbenden suchen, ihre Ängste und Schuldgefühle durch finanzielle Beerdigungsaufwendungen zu kompensieren. Ärzte und Krankenpflegepersonal - vor allem in sterbeintensiven Abteilungen - leiden unter emotionalen Spannungen und burn-out-Symptomen, die als Ergebnis der Sprachlosigkeit in der Sterbeszene verstanden werden können. Hier hilft oft nur verstärkte Flucht in technisch apparatives Tun sowie in distanzierende Sachlichkeit. Mancherorts gelingt schwarzer Humor. Das Unbehagen hierüber jedoch wächst. Vorläufig sind die Mediziner noch alleingelassen mit diesem gesellschaftlichen Problem. Sie erleben Rollenverunsicherung, Verlust an ärztlicher Handlungskompetenz und Schuldgefühle in der Sterbeszene. Der Ruf nach psychotherapeutischen Hilfen, nach Entlastung und Supervision, nach Aus- und Weiterbildung wird unüberhörbar. Ich habe versucht, mit Hilfe intuitiver Gespräche diesen Wünschen zu entsprechen. Ich habe

Intuition.

Die Intuition lässt sich beschreiben als ein Produkt aus resonant und empathisch angeregten Gefühlen und Imaginationen. Die intuitive Erlebensfähigkeit gehört zur Grundbefindlichkeit des Menschen. Sie beinhaltet die Möglichkeit einen ganzheitlichen Bezug zur Welt herzustellen. Hierbei werden die eigenen Empfindungen, Befindlichkeiten und Gestimmtheiten als Spiegelung einer Situation bzw. eines Gesprächspartners verstanden. Intuitive Imaginationen lassen sich somit als schöpferische Eigenleistung und gleichzeitig als resonant erlebte und ausgestaltete Erlebensdimension einer Situation bzw. eines Gesprächspartners verstehen. Wissenschaftstheoretisch lässt sich die Intuition als eine spezielle Ausformung psychoanalytischer Assoziationstechniken verstehen. Sie fand damit einen Weg aus dem tradierten spirituellen Erklärungsrahmen in heutige naturwissenschaftliche Vorstellungen.

Zentrales Anliegen sinnlich intuitiver Gespräche ist die Lösung emotionaler und rationaler Blockaden über die Öffnung sinnlicher und kreativer Ressourcen, mit der ganzheitliche Wahrnehmungen sowie Selbst und Fremdeinschätzungen aus unterschiedlichen Blickwinkeln ermöglicht werden. Soziokulturelle und religiöse Sinnfragen geraten damit wieder in unser Erleben. Ausgangspunkt dieser Gesprächsform wurde für mich die Supervision von Mitarbeitern einer onkologischen Klinik. Mit Hilfe intuitiver Gespräche gelang es, die blockierte Kommunikation wieder zu beleben und sich angstfreier in sterbende Patienten einzufühlen. Dabei wurden gleichzeitig Einsichten in die Funktion von Teamkonflikten gewonnen.

Prismatische Supervision in der Onkologie

Ich möchte nachfolgend aus einem sterbeintensiven Bereich der Inneren Medizin berichten, in dem ich lernte, intuitive Gespräche zu entwickeln. Der Leiter einer onkologischen Abteilung an einer Universitätsklinik suchte mich zu gewinnen, mit seinen sterbenden Patienten Gespräche zu führen. Ich war jedoch als Konsiliarius in dem Haus für etwa 900 Patienten zuständig und konnte ihm deshalb nur anbieten, mit ihm und seinen Kollegen regelmäßig Balintgruppen durchzuführen und hierüber den Kollegen Kompetenz für Gespräche mit Sterbenden zu vermitteln. Ich musste jedoch bald einsehen, dass meine Erfahrungen aus klassischen Balint-Gruppen mit niedergelassenen Ärzten sich innerhalb einer kleinen Institution nicht nutzen ließen. Die Gruppe drohte bereits am Beginn zu scheitern. Ich musste verstehen, dass institutionelle Rollenmechanik und Teamkonflikte eine tiefenpsychologische Aufarbeitung von Kommunikations- und Beziehungsproblemen blockieren.

Ein neuer Versuch begann, als ich mit den Gruppenmitgliedern lernte, bei der Aufarbeitung eines Patientenproblems die eigenen Stimmungen und Empfindungen zu mobilisieren und diese mit Hilfe bildsprachlicher Äußerungen und Phantasieeinfälle deutungsfrei ins Gespräch zu bringen. Das Neue hierbei war das konsequente Zurückstellen von selbsterfahrungsorientierten-, gruppendynamischen und deutungsträchtigen Fragen und Äußerungen im Gruppenprozess. Auch Phantasien wurden nicht mehr in ihrer Bedeutung für die vorgestellte Beziehungsproblematik eines Patienten besprochen sondern in ihrer prismatisch sich ausfaltenden Farbigkeit belassen.

Die Gruppe traf sich 14tägig für mehr als 2 Jahre. Sie bildete einen Kreis mit ihrem Chefarzt, zwei Oberärzten, 5 Assistenzärzten, 3 Krankenschwestern und einem Seelsorger. Der Neuanfang, begann damit, dass ein Stationsarzt von seinem Problem berichtete, auf Zimmer 23 keine Visite machen zu können. Es

> ginge um Frau M., die mit ihrem inoperablen Carcinom seit bereits 5 Wochen da liege. Sie werde wahrscheinlich noch einige Wochen leben. Aber, es falle ihm schwer, in das Zimmer zu gehen. Die Patientin schaue ihn mit so flehenden Augen an. Er wisse nicht, was er ihr noch sagen solle. Sie täte ihm ja leid. Aber, alles sei bereits gesagt. Es folgt ein längeres Schweigen. Der Leiter der Abteilung war ein sehr engagierter, von religiösen Vorstellungen getragener Arzt. Er versuchte die Situation zu retten. Er berichtet von seinem letzten Urlaub in einem Kloster und von der Bedeutung des Glaubens als Gesprächsgrundlage. Ein akzeptierendes Schweigen breitete sich aus. Ich erlebte Ratlosigkeit. Als der Chefarzt erneut seine Gedanken zu vertiefen suchte, unterbreche ich ihn mit der Bitte zu schildern, wie es ihm jetzt gehe, hier in der Gruppe. Wie er sich stimmungsmäßig fühle. Nach einigem Zögern berichtet er, dass er sich wie in einem Nebel fühle. Er käme hier heute wohl nicht richtig an. Ich bitte ihn daraufhin, detailliert den Nebel zu beschreiben. Ich erfrage dabei Farbe, Dichte und Temperatur des Nebels und schließlich, wenn er jetzt draußen wäre, würde er durch den Nebel hindurch den Himmel sehen oder Bäume? Wie sei der Boden unter ihm? Er antwortet gewissenhaft. Jemand zitiert Hermann Hesse. "seltsam im Nebel zu wandeln ...". Es war eigenartig. Die Stimmung in der Gruppe veränderte sich zunehmend. Die Gesichter der Gruppenteilnehmer erschienen mir neugieriger und offener. Ich war fasziniert. Ich fragte den nächst besten, ob er sich auch wie im Nebel erlebe. Seine Antwort: "Nee, ich habe an meinen letzten Urlaub gedacht." Auf näheres Nachfragen schilderte er dann detailliert eine ausgelassene Strandszene. Ich fragte dann zunehmend mutiger jeden einzelnen Gruppenteilnehmer wie er sich fühle und welche Szene, welch ein Erinnerungsbild oder welch einen Einfall er habe, ohne dabei den Sinn der jeweiligen bildsprachlichen Äußerungen zu hinterfragen.

Als psychodynamisch trainierter Gruppenleiter reagierte ich anfangs verblüfft bis skeptisch auf diese neue Arbeitsorientierung. Ich fragte mich, was denn mit diesen frei flottierenden Phantasien, die nicht auf eine vorgetragene Beziehungsstörung gedeutet werden sollten, anzufangen sei. Ich war gewohnt, die symbolische Bedeutung von Phantasien und Träumen im Unbewussten und in den Beziehungsmustern von Patienten und Supervisanten zu suchen. Mit der konsequenten Fokussierung auf sinnliche Gefühle und Phantasien war ich anfangs ratlos. Es kam jedoch ein farbiger und kreativer Prozess in Gang. Aber, was sagte mir zum Beispiel ein galoppierendes Pferd, die Phantasie eines Gruppenteilnehmers, auf den Bericht des Arztes über Kommunikationsprobleme mit seiner sterbenden Patientin? Sollte ich das bedrohliche Tempo des herannahenden Todes oder die übereilte Du-mußt- sterben-Nachricht dahinter suchen? Sollten Gruppenassoziationen zu diesem Pferd, zu dieser sterbenden Patientin, zu dieser blockierten Arzt-Patienten-Beziehung, gesucht werden?

Wir entschlossen uns schließlich in der Gruppe ausschließlich bildsprachlich und mit der eigenen Befindlichkeit und Gestimmtheit zu antworten, Jetzt wurde die Szenerie noch unverständlicher. Stimmungsschilderungen von zähflüssiger Müdigkeit, lustigen Clownerien und erotischer Träume wechselten ab mit Berichten über wärmendes Wohlgefühl und traurigem Weltschmerz. Diese Stimmungsschilderungen wurden angereichert mit Bildern von rotglühender Lava, von einem glücklich sich anschmiegendem Säugling, von gefährlichen Schluchten, verlockenden Hexenhäusern und leeren, angstvoll weiten Augen. Am Schluss der Stunde waren alle positiv überrascht über den Bilderreichtum und die Lebendigkeit während des Gruppenprozesses. Aber, was hatte das zu tun mit der geschilderten Gesprächsblockade mit der sterbenden Patientin?

Der den Problemfall schildernde Stationsarzt berichtete in der nächsten Gruppensitzung ganz enthusiastisch, das sei schon eine verrückte Methode. Er sei bereits wenige Stunden nach unserer letzten Sitzung, ohne lange zu überlegen, in das Zimmer der Patientin gegangen und habe sich auf ihr Bett setzen können mit der Frage, wie es ihr heute gehe und, ganz erstaunlich, die Patientin habe über ihre Flitterwochen gesprochen. Und, was noch erstaunlicher gewesen sei, besonders wehmütig habe sie dann von ihrem Felix einem Araberhengst erzählt, der vor einigen Jahren gestürzt sei und dann erschossen werden musste. Die Patientin habe dabei traurig vor sich hingeweint. Und dann habe sie von sich aus über ihre Trauer gesprochen und schließlich auch über die Wahrscheinlichkeit ihres Sterbens. Sie bat mich, wieder zu kommen. Der Arzt zeigte sich noch sichtlich bewegt von diesem Erlebnis.

Was war geschehen? Die Gesprächsblockade zu einer sterbenden Patientin war durch die Ausfaltung unterschiedlicher Stimmungsbilder in der Gruppe wie weggezaubert. Und das alles ohne deutendes Hinterfragen. Das Verständnis dieser Neuorientierung sollte sich jedoch erst nach vielseitiger Praxiserprobung und entsprechenden theoretischen Suchbewegungen einstellen.

Wir lernten Schritt für Schritt dieses Nebeneinander von Stimmungsbildern, das wir schließlich als prismatisches Prozessgeschehen bezeichneten, noch farbiger zu gestalten, indem wir auf Detailbeschreibungen der vorgestellten Bilder

Wert legten. Also, am obigen Beispiel: War das galoppierende Pferd schwarz oder braun? Wo galoppierte es? Hierbei wurde eine genaue Beschreibung der Landschaft, des Himmels, der Jahreszeiten und der Stimmung des Bildes, gesucht.

Zum Teil war mir diese Arbeit bereits vertraut aus der Psychosomatik, in der körperliche Verspannungen über eine detaillierte metaphorische Phantasiegestaltung sich beeinflussen lassen. Focusing und gestalttherapeutische Methoden suchen auf diesem Weg den Zugang zu körperlich fixierten Erlebenskomplexen. Und doch reichten diese Erklärungsmuster nicht aus, um das freie Schwingen einer Vielzahl von unterschiedlichen Stimmungen und Phantasien im Gruppenprozess in ihrer Funktion zu verstehen, Kommunikationsblockaden aufzulösen.

Wir hatten in der Gruppe die einzelnen Stimmungen und Phantasien in ihrer symbolischen Bedeutung nicht diskutiert. Und doch hatte sich die Situation des nicht-miteinander-sprechen-könnens radikal verändert. Waren es die unterschiedlichen Stimmungsphasen, die im Gruppenprozess durchlaufen werden mussten, um eine neue Kommunikationsebene zu öffnen? Dienen Phantasien, wie Thure von Uexküll schreibt, der bildhaften Ausgestaltung einer Stimmung, um sie darüber aufzulösen und Erlebensräume zu öffnen für eine neue Stimmung. Dann würden Phantasien eine Bedeutung gewinnen, auf die bisher nur unzureichend geachtet wurde. Dann besäßen Phantasien, besonders dann, wenn sie nicht Trauma Ich- oder Beziehungsbezogen gedeutet werden, Stimmungsgestaltende und bewegende Funktion und damit prozeßorientierte Konfliktlösungsmöglichkeiten. Wir nannten diese vagabundierenden Stimmungsbewegenden Phantasien schließlich "freie Phantasien". Wir lernten, dass die Defokussierung von blockierenden Angstkomplexen und die Transformation gerichteter Beziehungs--Gefühle in sinnliche und Stimmungsbezogene Gefühle des Selbsterlebens die Entwicklung von freien Phantasien erleichtert und dass damit beziehungsübergreifende, ganzheitliche, humorvolle, musische und Sinn suchende, insgesamt sinnlich-gestimmte Kommunikationsprozesse möglich werden. Hierüber können sterbende Patienten sich an Episoden gelebten Lebens erinnern und angstfreier ihren Trauerprozess einleiten, Ein Gruppenmitglied brachte folgenden Vergleich: Wir sind jetzt für den Patienten auf mehreren Wellenlängen erreichbar und können uns kompetenter den Gesprächswünschen der Patienten stellen. Wir können also rationale, emotionale oder prismatische Kommunikationswege nutzen.

Ich musste schrittweise lernen, dass ein Sterbetrauma sowie generell chaotische und Todesängste von Patienten und Angehörigen abgewehrt werden und im Rahmen von Teamkonflikten sich ein Ventil suchen. Erstaunt konnte ich hierbei erleben, wie institutionelle Konfliktmuster, quasi ritualisiert, den Mitarbeitern Schutz bieten vor den Ängsten ihrer Patienten. Auch eine psychodynamisch orientierte Aufarbeitung scheint nicht möglich. Akzentuiert wird die Problematik, wenn die klinischen Supervisions-Gruppen sich aus unterschiedlichen Rollen und Funktionsträgem zusammensetzten. Hier lässt sich studieren, in welchem Ausmaß institutionelle und Rollenzwänge die empathische Offenheit zum Patienten blockieren können. In meiner 10 Jahre laufenden prismatischen Balintgruppe in einem Dialysezentrum einer Hochschule konnte ich die meisten Erfahrungen sammeln. Die Gesprächsblockaden zum Patienten sowie burn-out Symptome der Mitarbeiter ließen sich auf diese Weise jedoch nur dann verringern, wenn schrittweise das Tabu über Sterbeprozesse zu sprechen aufgehoben wird.

Intuitive Supervision mit Laienhelfer und Krankenschwestern in einer Hospizgruppe.

Ich hatte die Möglichkeit, im Rahmen der "Lindauer Psychotherapie Wochen", engagierte Lindauer Bürger kennen zu lernen, die Alleinsterbenden in Lindauer Krankenhäusern Besuche und Gespräche anboten. Ich erlebte das Engagement aber auch die Überforderung dieser freiwilligen Helfer. Sie hatten nicht selten zu leiden unter den vereinsamt dahinsiechenden Patienten und dabei gleichzeitig unter dem Unmut einiger Pflegekräfte, die sich gestört fühlten, durch das Einmischen in ihre klinische Arbeit. Ich habe daraufhin den Laienhelfern intuitiv entlastende Gruppengespräche in den Krankenhäusern angeboten. Dazu wurden auch Krankenpflege und Altenpflegekräfte, sowie Ärzte und Seelsorger eingeladen.

Nach mehrjährigem Ringen mit der Stadtverwaltung sowie mit kirchlichen Würdenträgem, Wohlfahrtsverbänden, Medizinern und Medien, gewann die Gruppe schließlich Akzeptanz bei der Lindauer Bevölkerung, so dass sie Anfang 1998 mit Hilfe von Spenden ein eigenes Haus übernehmen und einrichten konnte und hierin ein Hospiz für stationäre und ambulante Betreuung von Sterbenden. Innerhalb eines halben Jahres waren alle Betten belegt und in meine intuitiv orientierten Supervisionsgruppen drängten sich neben den jetzt fest angestellten Pflegekräften die vermehrte Anzahl freiwilliger Helfer.

Ich lernte in diesem jahrelangen Ringen um fachliche, bürokratische und öffentliche Akzeptanz die Schwierigkeiten und die Notwendigkeit von Hospiz-Einrichtungen. Während in angelsächsischen Ländern in den letzten zwei Jahrzehnten sich eine breite Hospizbewegung entfaltete, konnte sie sich in Deutschland nur zögernd durchsetzen, Die bei uns noch überwiegend kirchlich orientierten Träger dieser Bewegung erzeugten Abwehr und Skepsis bei den eher weltlich orientierten Ärzten und Betroffenen. Außerdem behinderten finanziell bedingte Kompetenzrangeleien zwischen den unterschiedlichen Organisationen eine zügige Entwicklung, obwohl den Betroffenen wie Fachleuten und Helfern die Not und Verlassenheit der Sterbenden vertraut war.

Die freiwilligen Helfer in Lindau waren anfangs überwiegend Frauen. Sie kamen aus allen Gesellschaftsschichten. Sie begannen im Rahmen eines ökumenischen Gebetskreises und entfalteten unter der unerschrockenen und hartnäckigen Leitung von Frau Dornier ein weltlich offenes, mitmenschlich und religiös getragenes Engagement, dass mir Erstaunen und höchsten Respekt abforderte, Ich treffe mich mit der Gruppe inzwischen seit 12 Jahren, 2 - 3 x jährlich, jeweils 2 – 4 mal, zur Supervision. Ich schildere nachfolgend eine Gruppenstunde aus der Anfangszeit:

> Eine Teilnehmerin berichtete über ihre Gespräche mit einer krebskranken älteren Frau im Finalstadium. Ihr bitterer Kommentar: "die ist nur ins Krankenhaus gebracht worden, um dort zu krepieren". Die Vortragende schilderte dann ihre Schuldgefühle. Sie wisse nicht, wie sie den Kontakt wieder aufnehmen solle. Sie habe vorher eine gute Beziehung zu der Frau gehabt, Sie habe sie regelmäßig besucht und habe gemeinsam mit ihr Kaffee getrunken. Jetzt, bei der Verschlimmerung des Leidens, habe man die Patientin unsinnigerweise noch einer medizinischen Intensivtherapie unterworfen. Die Aggressionen gegen das Krankenhaus klingen nur unterschwellig an. Hilflosigkeit und Schuldgefühle stehen ganz im Vordergrund ihres Erlebens. Die Gruppenmitglieder reagieren nach diesem Bericht mit zahlreichen körperlichen Missempfindungen:
> "Mir liegt ein schwerer Stein auf dem Magen..." "es ist so, als ob mein Bauch quillt und quillt, auseinandertreibt..." "...nagende, fressende Kopfschmerzen..." "ich kann nicht richtig durchatmen..." "die Brust ist wie zugeschnürt". Das erste Vorstellungsbild zu dieser beengenden Stimmungsphase schildert eine Patientin, die sich wie unbeweglich in einem Zimmer eingesperrt erlebt: "Halbdunkel ... keine Fenster ... keine Türen ... kalt, keine Konturen zu sehen, keine Hoffnung" "Ich kann mich da nicht fühlen. Ich kann mich nicht bewegen." Ich selbst war überrascht von der Fülle der Körpermissempfindungen, am Beginn der Sitzung. Die Vortragende schildert dann im einzelnen die desolate Situation der Krebspatientin, die wie apathisch bewegungslos in ihrem Bett an Schläuchen festgehalten werde und nicht aufstehen könne. Sie sei erstaunt über die körperlichen Beschwerden der einzelnen Gruppenmitglieder. Sie entsprächen genau den Schmerzen der Patientin.

Hiernach wird eine zweite Stimmungsphase in der Gruppe eingeleitet durch ein Gruppenmitglied, das noch immer über Luftnot und Brustenge klagt. Im Vordergrund steht bei dieser Laienhelferin ein depressiv verzweifeltes Gefühl, das sie den übrigen Gruppenmitgliedern vermittelt und das in dem Vorstellungsbild einer griechischen Landschaft Ausdruck findet, in der ein Einzelner tieftraurig, alleingelassen keine Beziehung zur Welt aufzunehmen vermag.
In der Gruppe werden jetzt aggressiv getönte Bilder frei: flammend brennende Landschaften, Explosionen, blitzende Messer. Bei einigen tritt quälende Müdigkeit auf. Andere versuchen mit Ratschlägen und Erklärungen Halt in der Gruppe zu finden. Die Vortragende erinnert sich an ärgerlich und hilflos machende Situationen mit dieser Patientin. Hierüber habe sie jedoch verstanden, wie notwendig die regelmäßige Aussprache sei. Hiernach tritt nach einer längeren Pause, eine deutliche Stimmungsänderung in Form einer tragenden, zum Teil weihevollen Stimmung ein. Die Körpermissempfindungen sind völlig abgeklungen. Eine Teilnehmerin hatte über ein Folgebild den Duft der umgebenden Natur wahrnehmen können. Sie fühlte sich jetzt völlig gelöst, entspannt und in der Gruppe wieder eingebunden. Eine Teilnehmerin schildert, dass sie gebetet habe und dass ihr das Ruhe und Kraft gegeben habe, ähnliche Situationen besser durchzustehen. Die Stimmungsbilder und Empfindungen kreisen abschließend um entspannte und schwebend leichte Gefühle, weiße Wolken, die über eine erhabene Landschaft kreisen, ein Floß, das auf einem breiten Strom still dahingleitet.

Im abschließenden Gespräch über die Erlebnisse, Stimmungen und Gefühle in der Gruppe wurde verstanden, welche Gefühlsvielfalt in der Beziehung zwischen der vortragenden Teilnehmerin und ihrer Krebspatientin enthalten ist und dass erst nach dem Zulassen der einzelnen Facetten dieser quälenden Gefühlsmischung aus Angst, Trauer, Schuldgefühlen und Aggressionen auch die tragenden Gefühle und die Aspekte des "Sterben-Lassen-Könnens" Raum gewinnen und sich darüber mit religiösen Vorstellungen verbinden können. Die nächste Gruppensitzung eröffnet eine Teilnehmerin mit der Bemerkung, dass die wichtigste Hilfe, die sie durch diese Gruppenmethode erfahren habe, sei die Vorstellung und das Erleben, dass die in ihr wach gewordenen Empfindungen und Phantasieeinfälle während des Gruppenprozesses nicht die ihren seien, sondern abgeleitet, vom Patienten kommend, von ihr nur ausgestaltet. Sie könne sich auf diese Weise der jeweiligen Erlebenswelt eines Patienten öffnen, ohne dass ihre eigene religiös getragene Vorstellungswelt davon beeinträchtigt würde.

Seelsorger in der Sterbeszene

Nachdem ich in den Supervisionsgruppen bereits in den 70er Jahren eine vergleichbare Ratlosigkeit bei Seelsorgern wie bei Ärzten und Krankenschwestern im Umgang mit Krebskranken und Sterbenden fand, konnte ich Ende der 80 Jahre mit einer Gruppe von evangelischen Geistlichen eines Universitätskrankenhauses ein Jahr lang sinnlich-intuitive Gesprächsformen trainieren. Im Mittelpunkt standen Gespräche mit Sterbenden. Es zeigte sich hierbei, dass Seelsorger ihren unendlichen Schatz aus biblischen Gleichnissen nur unzureichend einzubringen vermochten. Auch sie mussten lernen, den sinnlichen Bezug zu ihren Klienten zu finden.

Eine Teilnehmerin stellte eine Patientin vor, deren Fall sie immer noch stark beschäftige. Sie schildert tief bewegt wie hilflos und ärgerlich, ja, wie wütend sie sei. Die Patientin habe in ihr große Ängste hervorgerufen. Sie berichtete dann knapp: "Eine junge Mutter bringt ihr 6-Monate altes Baby in der Badewanne um. Sie gilt als krank und kommt in die geschlossene Psychiatrie, da sie stark Suizid gefährdet ist. Sofort treten Ärzte, Schwestern, Seelsorger, sogar der Ehemann und die Eltern der Frau zu Hilfsaktionen an. Mehr erzähle ich von der Geschichte nicht. Es interessiert mich, wie die Gruppe damit umgeht."

In den ersten Phantasiebildern der Gruppe tauchen Brunnen auf, "an denen Kinder sitzen, die hineinzufallen drohen." "Oder, sind es Schächte, in die etwas hineinfällt - einfach so, ins unendlich Dunkle". "Da sind, Puppen oder Babys die in Kirchen oder Hallen vor Altären aus Kinderwagen gekippt werden." Oder Wickelkinder, die so stark geschnürt sind, dass nichts mehr von ihnen zu sehen ist." "Eine Frau steckt in einer Metallröhre, in der sie sich nicht bewegen kann." "Einem Baby wird die linke Seite seiner Haut abgezogen, auf der man lateinische Ziffern malt, um sie später als Lampenschirm zu verwenden." Jetzt werden KZ-Erinnerungen wach. Ein kleiner Junge erlebt, wie sein Vater von KZ-Schergen abgeholt wird. Tränen, "der Schmerz von damals ist wieder da." Die Protagonistin antwortet gehetzt auf diese Einfälle der Gruppe: "Mir werden die Hände heiß und nass. Ich halte es kaum noch in der Runde aus. Angst steigt in mir hoch. Die Wut ist fort. Was kommt auf mich zu? Wo muss ich durch?"

Hiernach in der nächsten Runde: "Frauen werden an den Haaren durch Straßen gezerrt, hin zum Scheiterhaufen." "Andere Scheiterhaufen brennen." "Eine Frau steht in den lodernden Flammen, das Volk grölt, freut sich, spuckt genüsslich aus. Aber die Frau schreit: "Ich war es nicht". Einige Gruppenmitglieder sind in ausgelassener Stimmung. Es wird gegrillt, geröstet, Schweine und Lämmer duften knusprig-lecker. Die Gruppenstimmung wird hektisch

und chaotisch. Die Protagonistin kann sich dem Sog nicht entziehen und berichtet: "Ich fühle mich, als ob ich auf einem Rost stehe, wo kalte Flammen an mir hochschlagen". Einige Gruppenmitglieder berichten über körperliche Beschwerden, Bauch- und Kopfschmerzen sowie Druck im Brustkorb. Es tauchen Bilder von Priestern auf, die einer Frau nachjagen. Priester mit ernsten, feierlichen Minen an einem Tisch sitzend und Recht sprechend. Das Opferlamm und der Opfertod Christi leuchtet auf. Ein Seelsorger rennt verstört hinaus. Er berichtet anschließend, dass er in der Phantasie Jesus vom Kreuz genommen und in Stücke zerhackt habe. Aber, das sei nicht seine Phantasie, So etwas käme nie von ihm.
Die Protagonistin berichtet abschließend. "Bei mir geschieht derweil Eigenartiges. Je mehr die Gruppenmitglieder sich schlecht fühlen, weicht bei mir die Spannung. Fast habe ich das Empfinden, in die Haut der Kindesmörderin zu gleiten und unendliche Weiten zu fühlen. War es das, was ich wollte? Der Schrei der Frau "ich war es nicht", lässt mich endlich ihre Nähe spüren. Ich glaube, jetzt kann ich bei ihr sein und mit ihr sprechen.

Das war eine spannungsgeladene und schwierige Gruppensitzung. Sie erinnerte mich an vergleichbare Erlebnisse in psychiatrischen Supervisionsgruppen, wenn psychotische Patienten vorgestellt worden waren. Hiermit war jedoch ein Bann gebrochen. In der Gruppe ließ sich hierüber erarbeiten, in welch hohem Maße wir in der Lage sind, nachdem wir die Grenzen unserer rationalen und emotionalen Schutzbereiche hinter uns gelassen haben, sinnlich resonant die Welt eines Patienten in uns in einer Weise lebendig werden zu lassen, dass wir sie wie unser eigenes Erleben in uns wahrnehmen. Dass in einer Gruppe von Seelsorgern sich dieses Erleben vor allem in Form religiös getragener Vorstellungen und Einfälle seinen Ausdruck sucht, wurde erst nach mehreren vergleichbaren Gruppenprozessen verstanden.

Im Abschlussgespräch der einjährigen Supervisions- und Trainingsveranstaltung wurde einhellig hervorgehoben, dass die Gespräche mit Sterbenden Dank der prismatischen sinnlich-intuitiven Orientierung, einen tragenden Grund gewonnen hätten. Ich selbst erlebte diese Gruppe als mich bereichernd. Ich gewann Einblicke in die Rolle des Seelsorgers und ich verstand, dass auf Grund der beziehungsübergreifenden Funktion des Seelsorgers und Dank des Reichtums an Gleichnissen aus biblischen Schriften, sinnliche Resonanzfähigkeit und metaphorisch narrative Phantasiefähigkeit für diese Berufsgruppe rascher zu vermitteln sind.

Intuitiv orientierte Sterbebegleitung durch den Hausarzt

Ärzte und Psychologen tun sich noch immer schwer mit Sterbenden zu sprechen. Die große Mehrzahl der Bevölkerung in unseren Breiten stirbt deshalb weiterhin in den Krankenhäusern unter zum Teil inhumanen und infantilisierenden Bedingungen. Durch die Hospiz-Bewegung angestoßen, wagen sich vereinzelt aber zunehmend mehr organmedizinische wie psychologische Therapeuten in ein für sie ungewohntes Feld hinein, für das es in ihrer jeweiligen Ausbildung keinen Platz gab. Entsprechende Weiterbildungsinhalte werden auch heute noch zu wenig angeboten.

Ich habe in den letzten 15 Jahren intuitiv orientierte Ausbildungsinhalte auch für Hausärzte angeboten. Intuitive Gespräche ermöglichen es den Hausärzten Repräsentant eines Wir-Gefühls zu sein, kulturell-ästhetische und religiöse Erlebensprozesse anzustoßen und Gefühlsverstrickungen zwischen Patienten, Angehörigen und Hausarzt zu verringern, aufzulösen und zu transformieren. Praktisch sieht das so aus, dass der Hausarzt im Rahmen seiner medizinisch notwendigen Hausbesuche Patienten und Angehörige zu bewegen sucht, ihre jeweilige Stimmung zu schildern und hierfür möglichst eine bildhafte Sprache zu wählen. Er selbst versucht ebenfalls, sinnlich offen die jeweils vorherrschende Stimmung zu erfassen, hierfür in sich eine bildhafte Vorstellung zu entwickeln und sie ins Gespräch einfließen zu lassen. Hierbei entwickeln sich Gesprächsformen, in denen unterschiedliche Erlebnisse der Patienten aus zum Teil länger zurückliegenden Zeiten wach werden, über die Patienten wie Angehörige aus ihrer passiv-hilflosen Haltung herauskommen und ungeahnte Aktivitäten entfalten mit denen "erwachsene" Prozesse des Abschiednehmens möglich werden.

Sterbebegleitung einer 80-jährigen Patientin

Die Patientin war seit fünf Jahren Patientin des Hausarztes M. Huhn-Gathmann aus Duisburg, der in einer mehrjährigen berufsbegleitenden Ausbildung intuitive Gesprächstechniken erlernt hatte. Im Februar 1992 wurde bei der Patientin eine schmerzlose Makrohämaturie mit Verdacht auf ein Blasencarcinom diagnostiziert.

Die anschließende stationäre Behandlung bestätigte den Befund. Die Prognose war infaust. Nach der Entlassung in die Familie betreute der Hausarzt die Patientin im Rahmen von Hausbesuchen. Er behandelte sie etwa zehn Wochen, bis zu ihrem Tod, konservativ mit Diuretika und Schmerzmitteln und suchte mit Hilfe von sinnlich intuitiven Gesprächen Patientin und Tochter zu entängstigen. Hier ein Ausschnitt aus Protokollnotizen des Hausarztes:

Kontakt mit der Tochter nach Operation der Mutter
Frau C. lebt bei ihrer verheirateten Tochter und den bereits erwachsenen Enkelkindern in einem geräumigen Einfamilienhaus. Von Seiten der Klinik und der Verwandten fand keine Aufklärung über den Krankheitszustand statt. Die Tochter wirkte sehr fahrig, angespannt, etwas überdreht. Sie könne auf keinen Fall mit der Mutter über die Erkrankung sprechen. Sie könne sie auch nicht pflegen. Sie schäme sich deswegen. Aber sie könne nun mal kranke Menschen nicht anfassen, so sehr sie ihre Mutter liebe. Sie würde sich dann ekeln. Meine erste Bemerkung - sie könne doch die Rolle der Tochter mehr ausfüllen, wenn die Pflege der Mutter den Profis überlassen würde - tat sie mit einer unwirschen Gestik ab. Ich schildere ihr dann, dass ich ihre Betroffenheit spüre und frage sie, ob sie ein passendes Bild dafür ausphantasieren könne. Für mich erstaunlich rasch malt sie in Gedanken das Bild einer jungen Frau, die ein Baby wickelt. Beim näheren Hinsehen - ich ermuntere sie dazu - ist dieses Baby jedoch dann eine alte vergrämte Frau. Danach verabreden wir uns für den nächsten Tag bei ihrer Mutter.

Hausbesuch nach der Krankenhau-Entlassung
Die 80-jährige Dame wirkt müde, lustlos, unkonzentriert. Sie ist deutlich abgemagert. Laufen und Sprechen fallen ihr noch sehr schwer. Die Patientin spricht zögernd und leicht gequält: Wann werde ich wieder gesund? Wie lange dauert die Müdigkeit und die Mattigkeit noch an? In mir entsteht dabei eine eigenartig hin- und hergerissene Stimmung. Ich phantasiere einen kleinen Jungen, der in einer Röhre sitzt und sich dort versteckt hält. Die Röhre liegt auf dem Boden. Am vorderen und hinteren Ende der Röhre schauen Gesichter hinein. Sie rufen ihm zu, er solle gefälligst herauskommen. Der kleine Junge rutscht hin und her in seiner Unentschlossenheit, denn er hat nur die Wahl zwischen einem Schlag auf den Kopf oder einen Tritt in den Hintern. Ich schildere der Patientin, welch ein Bild sie in mir ausgelöst hat. Darauf antwortet die Patientin, für mich überraschend, dass sie sich jetzt nicht hängen lassen wolle, sie müsse hoch schauen.
Auf meine Frage, was sie dort oben sehe, schildert sie mir die blühende Baumkrone eines Birnbaumes, der sich vor einem klaren Frühlingshimmel abzeichnet. Die grellen Sonnenstrahlen wurden im Geäst gebrochen. Das Frühjahr, das wolle sie jetzt auf jeden Fall in vollen Zügen genießen. Nach einer kurzen

Pause fragt sie, ob ich ihr denn keine Hoffnung machen könne? Ich antworte, dass ihr eigenes Bild, der blühende Baum und der blaue Himmel und der Frühling, für mich ein sehr hoffnungsvolles Bild sei. Auf der Treppe fängt mich die Tochter ab. Sie sei verwundert, dass ich ihr keinen Vorwurf mache, da sie sich doch wirklich feige verhalten habe. Sie sei bei der Sozialstation gewesen. Die würden die Pflege übernehmen. Jetzt fühle sie sich irgendwie freier und leichter. Ich frage, wie ein Luftballon? Sie antwortet: Nein, eher wie ein Fesselballon, aber mit vielen Steinen darin. Sie beschreibt auf meine Bitte hin Form, Farbe und Größe der Steine.

Auszug aus dem 5ten Hausbesuch
Die Tochter: "Hier bei uns herrscht inzwischen eine erstaunlich friedliche Stimmung, Harmonie, wie wir sie nie erlebt haben. Die Mutter war immer beherrschend, hat sich in alles eingemischt, in meine Ehe, in die Erziehung meiner Kinder, immer war ich die kleine, die unselbständige Tochter. Jetzt könnten wir fast Freundinnen werden. Zwei Frauen, die über alles reden, die sich in die Arme nehmen und miteinander weinen können.

Letzter Hausbesuch
Nach insgesamt 7 Hausbesuchen mit intuitiv orientierten Gesprächen verstirbt die Patientin. Der Hausarzt schildert seinen Eindruck zur Leichenschau im Abschlussgespräch mit der Tochter und dem Schwiegersohn seiner verstorbenen Patientin: "Ich war schon beim Hereinkommen überrascht über die gelockerte Stimmung der Angehörigen und sagte ihnen: Welch eine freundlich entspannte Stimmung Sie hier haben. Es ist, als ob jemand Klavier spielt und meine Gedanken irgendwo hin laufen wollten", Der Schwiegersohn daraufhin: "Ja, meine Frau hat vorhin Klavier gespielt, Ich habe dabeigesessen und habe in mir nach Trauer gesucht, aber, es klingt vielleicht komisch, ich habe so etwas wie Frieden gefunden", Die Tochter: "Ich habe immer gedacht das kannst du alles nicht ertragen. Dann habe ich den Sack einfach hochgehoben und es ging. Aber er war doch schwer. Er war so wie ein derber Kartoffelsack, kratzig, überall schmerzhaft drückend. Jetzt kann ich ihn abstellen". Und nach einer längeren Pause: "Jetzt ist er nicht mehr notwendig". Ich sagte zum Abschied: "Das war auch für mich eine ganz neue Erfahrung. Ich habe bisher noch nie so offen den Prozess des Sterbens in einer Familie miterleben können".

Stationsvisite mit einer sterbenden Patientin
Der Einsatz intuitiver Dialoge in Einzelgesprächen mit sterbenden Patienten bringt nicht selten erstaunliche Ergebnisse. Der Therapeut gewinnt hierbei die Möglichkeit, sich intuitiv auf seinen Patienten einzustellen und das Gespräch partnerschaftlich zu gestalten. Er öffnet damit dem Patienten Bereiche gelebten Lebens, die durch das Trauma des Sterben müssen verschlossen wurden und er ermöglicht ihm damit den Weg für erwachsenes Abschiednehmen.

Der Stationsarzt einer benachbarten Klinik hat von mir einen Vortrag gehört und bittet mich telefonisch ihn mit meiner "verrückten Phantasiemethode" zu besuchen. Es ginge um eine 54-jährige krebskranke Patientin, die seit 3 Wochen nicht mehr sprechen würde. Er habe alles versucht. Die Patientin wisse um ihre unheilbare Erkrankung. Sie habe jedoch noch mit niemandem über ihre Ängste sprechen können. Auch die Angehörigen hätten Angst vor dieser Aussprache. Er sei regelrecht gehemmt "bei dieser sprachlosen Frau, eine Visite zu machen". Ich besuche ihn mit einer intuitiv ausgebildeten Krankenschwester.

Der Stationsarzt versucht mich der Patientin vorzustellen. Die Patientin fragt daraufhin den Stationsarzt nach ihren letzten Laborwerten. Ich suche den Blick der Patientin und frage, wie es ihr gehe, wie sie sich fühle. Die Patientin starrt mit leerem Blick wie ins nichts. Keine Antwort. Es folgt eine bedrückende Stille. Ich äußere mein Erschrecken über die Kargheit des Zimmers. Keine Bilder, nicht einmal Blumen, es sei alles trostlos. Auch draußen sei das Wetter trostlos und traurig. Ich erkläre der Patientin, dass ich von der Schwere ihrer Krankheit erfahren habe und auch von ihrer Sprachlosigkeit und deshalb sei ich hier. Ich sähe, wie blass und grau und erstarrt ihr Gesicht sei. Ich fühlte mich davon regelrecht angesteckt. Und nach einer kurzen Pause: "Ich möchte Ihnen meine Phantasieeinfälle schildern, die durch diese Stimmung hier in mir wach geworden sind. Ich sähe in meiner Phantasie einen langen Zug von Menschen in grauen Kutten durch eine weite Ebene ziehen, vielleicht wie ein Wallfahrtszug. Beim genaueren Hinsehen sähe ich, dass sie an einem langen Stacheldrahtzaun vorbei ziehen würden. Dahinter ständen Holzkreuze, ohne Namen, grau. Eine Unzahl von Holzkreuzen, ganz ungeordnet." An dieser Stelle unterbricht mich die Krankenschwester. In einem fröhlichen, fast sprudelndem Ton bringt sie sich ein: Eigenartig. Bei ihr sei es am Anfang auch dunkel und grau und nebligverhangen gewesen. Dann habe sie sich jedoch an ihren letzten Urlaub erinnert.
Sie sei damals mit ihrem Mann und ihren zwei Kindern im Gebirge in ein Gewitter geraten und sie hätten Schutz unter einem Felsvorhang gesucht. Es sei

wirklich bedrohlich gewesen. Sie hätten sich aneinander gepresst. Aber nach wenigen Minuten sei das Gewitter vorbeigezogen. Sie seien nur wenig nass geworden und sie hätten dann einen herrlichen Blick tief in das Tal gehabt. Sie hätten ... An dieser Stelle beginnt die Patientin zu sprechen. Ihr laufen die Tränen herunter und gleichzeitig lächelt sie. Sie berichtet, wie sie mit ihrem Mann jedes Jahr in die Berge gefahren sei: Ja, damals bis vor vier Jahren... "
Auf Nachfrage erzählt sie, dass ihr Mann vor vier Jahren an einem Herzinfarkt gestorben sei. Seit dieser Zeit sei sie nicht mehr in den Bergen gewesen. Sie schildert jetzt zunehmend lebendiger ihre Erlebnisse in Udorf. Sie beschreibt im einzelnen ihre gute Beziehung zu der Wirtin, zu der sie seit Jahren gefahren seien. Der müsse sie endlich einmal schreiben. Noch immer laufen die Tränen über ihre Wangen. Gleichzeitig strahlt ihr Gesicht in glücklichen Erinnerungen. Dem Stationsarzt fällt vor Überraschung der Schlüsselbund auf den Boden. Daraufhin lächelt die Patientin und berichtet, wie ihr Mann bei einer Bergwanderung die Autoschlüssel eine Schlucht habe hinunterfallen lassen. Das hätte den Urlaub um zwei Tage verlängern helfen. Die Stimmung im Krankenzimmer hat sich fühlbar entspannt. Die Patientin wirkt erschöpft, aber dankbar. Sie bittet den Stationsarzt, er könne ihr doch den Priester schicken: „Wissen Sie, den Kurzhaarigen, der immer so ein verschmitztes Lächeln im Gesicht hat.“

Der Stationsarzt berichtet später, er sei schon erstaunt gewesen über unsere Phantasie Methode. Er habe auf die Uhr geschaut. Es habe genau 7 Minuten gedauert, bis die Patientin zu sprechen begonnen habe. Er könne es noch immer nicht richtig verstehen. Er habe übrigens in den nachfolgenden Gesprächen mit der Patientin den Tod ihres Mannes besprechen können. Die dort frei werdende Trauer habe dann den Weg gebahnt, für Gespräche über den eigenen Tod.

Selbstmordwünsche nach dem Tod des Ehemannes

Die psychotherapeutische Behandlung und Betreuung von Angehörigen nach dem Tod eines Familienmitgliedes ist häufig unzureichend. Ich kann in diesem Rahmen nur einige Beispiele skizzieren, in denen die Bedeutung und der Sinn intuitiver Gespräche aufleuchten.

Eine 50jährige Patientin kommt nach einem Suicidversuch zu mir mit dem Wunsch, ich möge ihr einen Weg zeigen, sich erfolgreicher umzubringen. Sie wirkt dabei verschlossen und ernst, und sie reagiert nicht auf mein leicht ironisch getöntes "Aha". Sie schildert dann betont sachlich, ihr Mann sei vor 3 Wochen gestorben und sie wolle nicht mehr leben. Die Liebe zu ihm sei so umfassend gewesen. Das sei nicht zu ersetzen. Auf meinem Versuch empathisch Verständnis für ihre Situation zu finden, reagiert sie unerwartet heftig. Ich solle nicht so traurig tun. Sie habe Trauer noch nie ausstehen können. Und jetzt erst Recht nicht. Ich erlebe dabei eine eigenartige Körpersensation und ein Bild steigt dabei in mir auf, dass ich ihr zögernd, nach einer sprachlosen Pause, dann jedoch mutig ihr mitteile (mutig deshalb, da ich sie ja erst seit 3 Minuten kenne): "Ich sehe Sie ernst und verschlossen vor mir sitzen. Trauer lassen Sie jedoch nicht an sich herankommen. Dabei haben Sie ein eigenartiges Bild in mir wachgerufen. Ich habe das Gefühl gehabt, dass meine linke Brust, zunehmend weiblicher und umfangreicher sich vorwölbt. Und plötzlich kommt da ein großes Küchenmesser und schneidet mir die Brust ab." Noch bevor ich den Satz beendet habe, unterbricht mich die Patientin mit den Worten dass könne sie gut verstehen. Sie habe sich vor ihrer Ehe drei Kinder gewünscht und jetzt habe sie keine und damit sei sie jetzt um so mehr allein. Sie habe ja ihren Mann so sehr geliebt, aber Kinder habe er nicht gewollt. Das Gespräch über ihren vergeblichen Kinderwunsch öffnet schließlich die Türen zu weiteren vorehelichen Wunschbereichen, die keine Erfüllung fanden. So habe sie so gern getanzt. Aber ihr lieber Mann habe nicht tanzen gewollt. Über diese Gesprächsinhalte können sich erste Tränen lösen. Die sich hierbei zaghaft entwickelnde melancholische Stimmung vermochte schließlich die nachfolgenden Gespräche intuitiv getragener Trauerarbeit einzuleiten.

Depressive Krisen in der Trauerarbeit

In der Klinik sehen wir in der Regel nur die Spitzen des Eisberges von allein gelassenen, depressiv erkrankten Angehörigen. Wir haben heute die in allen Völkern und Zeiten geübten Rituale des Abschiednehmens vergessen, oder so verdünnt, dass die unzureichende Trauerarbeit und das Fehlen eines auffangenden Freundes und Bekanntenkreises nicht selten zu langwierigen psychischen und psychosomatischen Fehlhaltungen führt. Beispielhaft lässt sich das vor allem bei Älteren, nach dem Tod ihres Ehepartners, studieren, wenn der Überlebende allein gelassen wird von der Verwandtschaft und dabei angehalten wird sich möglichst bald zusammenzureißen. Wahnhaftes Erleben, Depressionen und baldiges "Hinterhersterben" finden sich hier relativ häufig. Dabei lassen sich mit empathisch stützenden und intuitiv anregenden Gesprächen, z.T. in größeren Abständen, erstaunliche Stabilisierungen erzielen. Mit Hilfe der Intuition gelingt es über ein gemeinsames sich Einstimmen vergessene Ressourcen zu wecken und dabei nicht selten verschüttete voreheliche Wünsche und Fähigkeiten zu mobilisieren. Nicht selten sind es abgewehrte Wunsch- Angst- und Schuld-Komplexe, die das Abschiednehmen erschweren. Hier helfen intuitiv einfühlende Lösungs-Phantasien und anschließende Abschieds-Rituale.

Eine 38jährige Patientin, die nach dem Tod der Mutter in einen bedrohlichen Erstarrungszustand geraten war, konnte erst nach mehreren Versuchen des Therapeuten, ihre Starre auflösen. Die in der Sprachlosigkeit vorherrschende Spannung suchte er in unterschiedlichen Phantasiebildern Ausdruck zu geben. Er vermochte darüber die verbitterten Klagen der Patientin gegen ihre verstorbene Mutter wachrufen und zu neutralisieren. Die Patientin hatte die Krebskranke Mutter 3 Jahre lang intensiv gepflegt. Sie erhoffte sich dabei unbewußt, von der sie immer ablehnenden Mutter endlich akzeptiert zu werden. Erst nach dem Zulassen dieser Probleme wurde über das Ritual eines Abschiedsbriefes an die verstorbene Mutter Trauerarbeit möglich.

Zusammenfassung

Sinnlich-intuitive Gespräche wurden von mir im Rahmen von Supervisionen, Therapien und Beratungen in der Sterbeszene erprobt. Damit wurde eine tiefenpsychologisch orientierte Gesprächsform herausgearbeitet, mit der es gelingt, die positiven Ressourcen des Menschen zu mobilisieren und damit Gesprächsblockaden zu überwinden. Sinnlich-intuitive Gespräche zeigen sich inzwischen als besonders hilfreich in der Kommunikation mit gewalttraumatisierten und psychotischen Patienten. Gesprächs- und Übertragungsblockaden in Therapien, Beratungen und Supervisionen lassen sich hiermit erfolgreich lösen.

Die sinnlich intuitive Gesprächsorientierung in prismatischen Balintgruppen mit Helfern, Ärzten, Seelsorgern und Pflegenden der Sterbeszene lässt sich verstehen als ein vielstimmiges Orchester humaner Sterbebegleitung, in dem der Sterbende der Solist ist. Auch im Rahmen der Hinterbliebenenbegleitung vermag die sinnlich-intuitive Orientierung Anregungen zu geben, verschlossene Ressourcen zu öffnen und damit Trauerarbeit zu ermöglichen.

Veröffentlichungen des Autors zum Themenbereich sinnlich-intuitiver Gespräche

- Hartmann, F., Drees, A. (1974): Psychologisch-medizinische Aspekte der Prothesenmedizin. Internist 15, S. 271-276

- Drees, A. (1975): Klinisch-psychologische Erfahrungen im Umgang mit Patienten, Pflegepersonen und Ärzten in Dialyse-Einheiten. Psychiatrische Praxis 2, 189-192

- Drees, A.(1978):Der Dialysepatient u. sein Behandlungsteam. Der Dialysepatient 3, 64-69

- Drees, A., Schwoon, D. (1979): Psychodynamische Probleme der Prothesenmedizin. In: Medizin, Mensch, Gesellschaft Nr.4 S. 100-107, Enke-Verlag Stuttgart.

- Drees, A. Gallagher, B. (1981): Hemodialysis, Rehabilitation and Psychotherapeutic. Support. In: Norman B. Levy, Psychonephrology 1 Plenum New York NY

- Drees, A. (1985): Die psychische Einverleibung einer Maschine - Beziehungskonflikte in Dialyseeinrichtungen. In: H. E. Franz, Dialyse und Nierentransplantation. S. 77-97. Wissenschaftl. Verlags GmbH Stuttgart

- Drees, A.(1985):Befindlichkeit, Gestimmtheit und Fantasien in Balintgruppen. In: Psychosomatische Medizin Schweiz 1/13., S. 3-33

- Drees, A. (1988): Eine Balintgruppe mit Laienhelfern. Wege zum Menschen, S.35-41, Vandenhoeck & Ruprecht

- Drees, A. (1990):Sinnlich-imaginative Trainingsmethoden für Medizinstudenten. Praxis der Psychotherapie und Psychosomatik, Springer-Verlag S. 247-253, Sept. Bd. 35

- Drees, A. (1993):Prismatische Stimmungsprozesse in der Psychotherapie oder: Postmodeme Therapeutik als Mittagsschlaf der Modeme. In:

Wahnwelten im Zusammenstoß (Hrsg. Rudolf Heinz, Dietmar Kamper und Ulrich Sonnemann). Akademie Verlag GmbH Berlin, S. 181-194

- Drees, A. u. Huhn-Gathmann, M. (1994): Freie Phantasien in der Sterbebegleitung durch den Hausarzt. Der Allgemeinarzt 6, S. 480-486

- Drees, A. (1995): Freie Phantasien. Vandenhoeck und Ruprecht. Göttingen

- Drees, A. (1996): Folter: Opfer, Täter, Therapeuten. Psychosozial Verlag, Gießen

- Drees, A. (1997): Innovative Wege in der Psychiatrie. Psychosozial Verlag

- Drees, A. (1997): Poetische Gespräche in der Sterbeszene. Psychotherapeut 42: 28-33

- Drees, A. (1997): Eine prismatische Balintgruppe in Kuwait. Gruppenpsychotherapie und Gruppendynamik 3/1997

- Drees, A. (1997): Torture and Mood-Oriented Prismatic Balint Groups. In: Int. Forum Psychoanalysis, 6, S.225-230

- Drees, A. (1998): Verarbeitungsformen von Dialyse Stress - Intuitive Dialoge zur Lösung von Teamkonflikten in Dialyseeinrichtungen. In: H.E. Franz, Dialyse 1998. Papst Science Publishers

- Drees, A. (1998): Beziehungskonflikte bei der Dialyse. Heilberufe 50, 1, S. 14-17

- Drees, A.(1998):Intuitive Dialoge - Ein Weg aus emotionalen Blockaden mittels defokussierender Imagination. In: Wiener Medizinische Wochenschrift, Jahrg. 148, Heft 6, S. 166 - 170

- Drees, A. (1998): Prismatische Kommunikation im Behandlungsfeld extremtraumatisierter Patienten. In: Schlösser A-M. und Höhfeld, K.: Trauma und Konflikt. Psychosozial Verlag

- Drees, A. (1998): Verarbeitungsformen von Dialyse Stress - Intuitive Dialoge zur Lösung von Teamkonflikten in Dialyseeinrichtungen. In H.E. Franz Dialyse 1998. Pabst Science Publishers

- Drees, A. (1998): Intuition in der Psychiatrie. In: Psychopraxis 6/98, S. 6-14

- Drees. A. (1999): Intuitive Gespräche in der Sterbeszene. In: H.E. Franz Dialyse 1999 Pabst Science publishers

- Drees, A.(1999): Intuitive Dialogues with Victims of Torture. In: M. Oehmichen: Maltreatment and Torture. Schmidt-Römhild Lübeck

- Drees, A. (2000): Poetische Gesprächsführung in Therapien und Supervisionen. In: Klaus G. Deissler, Sheila McNamee Phil und Sophie auf der Cousch. Carl-Auer-Systeme Verlag Heidelberg

- Drees, A. (2000): Intuitive dialogues in the field of victims of torture. In: Torture, Volume 10. Nr. 3, 2000

Erhard Weiher

Spirituelle Begleitung in Palliativ-Care
Wie geht das konkret?

Mein Beruf ist Pfarrer, Seelsorger, katholischer Priester. Im folgenden werde ich aber zunächst nicht speziell katholisch, auch vielleicht nicht speziell christlich argumentieren, sondern eher religiös-spirituell. Aber natürlich haben meine Ausführungen eine katholische "Farbe". Es geht mir nämlich um die Frage, ob nur ausgebildete Theologen oder amtliche Seelsorger spirituelle Begleitung geben können oder auch andere Berufe.

1.1 Im Folgenden müssen Sie sich immer wieder die Klinik als Rahmen dieser Überlegungen vorstellen, zunächst nicht die spezielle Hospiz-Arbeit, nicht die Palliativstation im Besonderen. Die beiden letzteren sind Spezial-Situationen (immer noch). Patienten und Angehörige (erst recht die Pflegepersonen) "wissen" in einem stationären Hospiz um das Sterben, das kann kommuniziert werden. In der Klinik begegnen wir heute kaum noch Menschen, die subjektiv das Bewusstsein haben, dass sie sterben müssen; objektiv kommt das natürlich auf sie zu. Dort ist das Sterben also selten eine Tatsache, die dramatisch und existentiell ergreift und unausweichlich im Raum steht. Die Hauptenergie, die von dem drohenden Sterben ausgeht, wird durch die Medizin in viele Seitenenergien umgelenkt, die Krankheitsverläufe sind in viele Abschnitte zerteilt.
Die Frage ist also, wie kann man unter diesen Umständen mit Spiritualität umgehen, wenn nicht die sogenannten 5 Phasen (Kübler-Ross) durchlaufen werden mit dem "Akzeptieren des Sterbens" am Ende ?
Trotzdem sind die kommenden Ausführungen natürlich auch auf Hospiz- und Palliativstation übertragbar. Außerdem gibt es in fast jedem Krankenhaus heute viele PALLIATIV-SITUATIONEN. Die Palliativstation und das stationäre Hospiz sind im Vergleich zu den vielen Normalfällen Krankenhaus, Alten- und Pflegeheim immer noch Glücksfälle.

1.2 Ich gehe von der These aus, dass die Spiritualität der Sterbebegleitung vom Geist der Medizin mitbestimmt wird. Noch vor 30 Jahren konnte die Seelsorge und die Theologie sagen, dass das Leben im Sterben gipfelt. Dass der Mensch im Sterben sein Leben zusammenfasst und eine letzte bewusste Hingabe vollzieht. - Aber die Bedingungen des Sterbens haben sich radikal verändert: Meist steht es unter einer totalen Medikation, die lange Zeit das Sterben verhindert, bis auf einmal viele Lebensfunktionen zusammenbrechen. Menschen liegen oft auf Intensivstation, dann sind sie in der Zeit des Sterbens wenig ansprechbar. Das alles und noch viel mehr wirkt sich tiefgreifend aus auf die Spiritualität der Sterbebegleitung. – Krankheit, Sterben und Trauer mussten Menschen zu allen Zeiten bewältigen - das braucht keine spezifische Therapie, die z.B. das Sterben "besser" machen würde. Wohl braucht Sterben offensichtlich eine Lebensdeutung (vgl. z.B. die Stressforschung, die Salutogenese von A. Antonowsky und die Ergebnisse der modernen Todes-Nähe-Forschung. Danach greifen Menschen in Todes-Nähe auf transzendente Ressourcen zurück - nicht vom Bewusstsein gesteuert. Es sieht so aus, als ob die Fähigkeit zur transzendenten Deutung im Gehirn verankert sei).

2. Die Ausgangsfrage meiner Überlegungen ist: Wie passt die Ebene und die Sprache der Spiritualität in den Medizinbetrieb hinein ?

2.1 Sterben, Krankheitsbewältigung, Krisenverarbeitung können als Lernprozesse beschrieben werden. Menschen müssen auf Widerfahrnisse des Lebens reagieren und diese verarbeiten und sie in ihr Leben einbauen. Ich gehe hier von den 3 Lernfunktionen aus: DENKEN / FÜHLEN / TUN: Menschen reagieren mit DENKEN/FÜHLEN/TUN auf Einflüsse/Ereignisse in ihrem Leben, um damit fertig zu werden.

- DENKER: Menschen, die auf Krisen, Verlust mit Denken reagieren, die in der Ratlosigkeit versuchen, die gestörte Welt wieder 'zusammenzudenken'.
- TUER: Menschen, die als erstes mit Aktivität reagieren, die die Ohnmacht zu überwinden suchen, von Arzt zu Arzt gehen .... .
- FÜHLER: Menschen, die als erstes mit ihren Gefühlen reagieren, ihren Gefühlen freien Lauf lassen.

Wichtig: Das sind Erstreaktionen; *wo* der einzelne anfängt, das resultiert aus seinem *persönlichen* Lernmuster. Meist sind die Betroffenen bald fähig, auch die anderen Lernfunktionen einzubeziehen. Alle Anteile sind wichtig, keine darf abgewertet werden ("der ist ja nur im Kopf ....").
Ebenso reagiert die Gesellschaft und ihre Medizin mit diesen Kanälen:
Hauptkanäle sind das DENKEN und das TUN:

- Medizin: Naturwissenschaftliche Konzepte: DENKEN und diese in objektive Handlungen (OP, Medikamente) umsetzen.

– Die Pflege war lange Zeit nur durch 'Tun' definiert - den Patienten körperlich versorgen und die Anweisungen der Medizin ausführen. Inzwischen ist allerdings die Pflegewissenschaft dabei, dieses Verständnis zu überholen: vor allem ausgelöst durch die Überlegungen in der Palliativ-Care. Konzepte der Palliativ-Care wirken sich auch auf andere Medizinbereiche und auf das Krankenhaus aus.

DENKEN/FÜHLEN/TUN sind in eine Endlos-Schleife eingeordnet: Alle Anteile in dieser Schleife sind wichtig. (Abb.1).

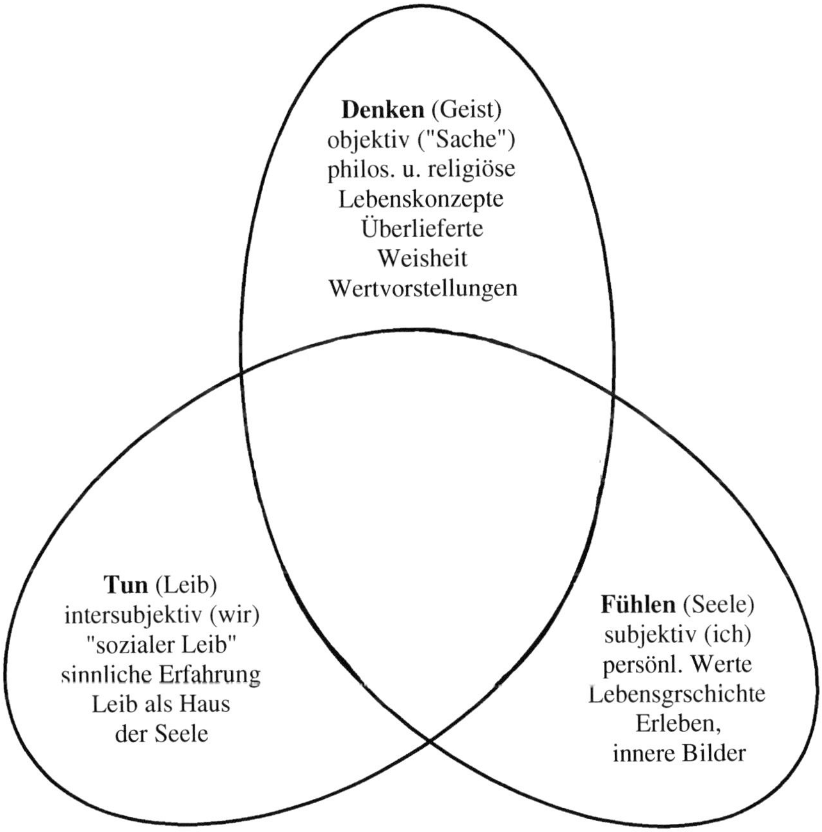

In der Klinik ist der Erstansatz der Professionellen oft *nur* das DENKEN oder das TUN; der FÜHL-Bereich ist nicht vorgesehen, im System nicht vorgesehen, *in den Rollen* nicht vorgesehen, wohl bei den einzelnen Personen vorhanden. Das ist ein Problem, das löst viel Kritik aus, auch viel ungerechte Kritik, weil die einzelnen Rollenträger ja nicht über die Grenzen ihrer Rollen hinausgehen dürfen. Die Gesellschaft fordert und fördert die effektivsten und objektiv kontrollierbaren Methoden gegen Krankheit und Tod. DENKEN/wissenschaftliche Konzepte und effektives TUN gelten als die förderungswürdigsten Vorgehensweisen gegen die Krankheit.

2.2 Zu jeder dieser Reaktionen lässt sich eine Begriffs- und Assoziationswelt entwickeln:

- DENKEN: Naturwissenschaftliche Modelle, etwas objektiv-medizinisch anschauen (ein Objekt entsteht dadurch, dass man die (materielle) Struktur heraus arbeitet und den subjektiven Anteil weg lässt). Der Arzt bringt natürlich auch seine menschheitliche Erfahrung in sein Handeln ein, sein Wissen vom Menschen (Psychologie, Philosophie, Religion ...).
- FÜHLEN: Das ist die Innenwelt, das Erleben, persönliche Bilder, Lebensgeschichte, Erinnerungen, Werte, Träume ... .
- TUN: Instrumentell handeln, behandeln, pflegen, - aber auch: den Leib als Haus der Seele verstehen und Beziehung aufnehmen.

Diese Assoziationskette gilt für die Krankenhaus-Welt.

Es gibt aber auch eine anthropologisch-spirituelle Assoziationswelt: Das Denken wird nicht von der Medizin besetzt, sondern Menschen haben auch andere denkerische Konzepte im Umgang mit Krankheit und Lebenskrisen:

- DENKEN: Religiöse, geistige und philosophische Konzepte, Symbolwelten, Heilige Schriften, Lebenswissen. Menschen denken über Krankheit, Leben, Lebensgeschichte nach.
- ERLEBEN: Persönliche Symbole und Spiritualitäten. Heutzutage sind die Lebensbilder sehr individualisiert: Jeder kann und muss sich vom Leben und Sterben sein eigenes Bild machen. Früher haben die Religionen eine gemeinschaftliche Anschauung und gemeinschaftliche Werte angeboten.

2.3 Ein wichtiger Schritt in diesem Grundmodell ist:
DENKEN/FÜHLEN/TUN - das kann es noch nicht alleine sein, das reicht noch nicht, um Menschen in Krisen zu verstehen und zu begleiten. Was sie brauchen, über sich sagen und ausdrücken, dazu braucht man auch die ZWISCHENRÄUME.

(1) Erster Zwischenraum: DAS BEGLEITEN, die Verbindung von FÜHLEN und TUN. Begleiten ist nicht Aktivismus - nicht einfach Handeln (z.B. medizinisch) sondern einfühlendes Dabeisein und mich auf den Prozess des anderen einlassen. Mich dem Leid des Anderen wirklich zuwenden, nicht daran vorbeireden oder -hören oder -handeln. Aktives Zuhören. Beziehung zum Kranken und Sterbenden, nicht: "Kopfhoch - das wird schon wieder". Sondern Gefühle wahrnehmen und gelten lassen, nicht ausweichen, Gefühle nicht ausreden... . Zur Begleitungspraxis gibt es eine lange Tradition, viel Literatur und Fortbildungsmöglichkeiten. Dazu gehört auch die Gesprächsführung, aber auch z.B. die basale Stimulation, die Berührung eines Menschen. Das soll hier nicht ausgeführt werden, es geht ja um spirituelle Begleitung. Aber: Das Begleiten ist die Basisqualifikation, Spiritualität geht nicht daran vorbei, frommes Reden, das das Leiden wegreden und zudecken soll, ist ein Kunstfehler.

(2) Zweiter Zwischenraum: DIE SYMBOLISIERUNG
Ein Beispiel: Eine Patientin sagt: "Stellen Sie sich vor - vor zwei Wochen habe ich noch in meinem Garten gearbeitet".
Diese Patientin legt *Spuren* in ihren Worten, in Gesten, in der Art wie sie etwas betont oder übergeht, was sie von ihrem Inneren äußert und vorzeigt. Diesen Spuren gilt es nachzugehen, diese Spuren legen Patienten nicht nur beim Pfarrer, sondern bei allen Helfern. Eine umfassende Begegnung mit Menschen findet *in den Zwischenräumen* statt. Zum Beispiel wenn ein Kind aus der Schule kommt, sagt es: "Mama, wann gibt es Essen?" Das Kind sagt nicht direkt "ich habe Hunger" (Fühlen), sondern es verschlüsselt seine Aussage. Die Aussage wird kodiert, der Hörer muss sie dekodieren; z.B. kann das Kind damit meinen "ich habe Hunger" oder "ich will vorher noch etwas spielen" oder "ich freue mich auf den Papa, wenn er zum Essen kommt" usw. .
Was bedeuten die Spuren der Patientin in dem Beispiel mit dem Garten ?
In dieser Aussage möchte ich (nach G. Hartmann, Lebensdeutung, 1993) vier Dimensionen unterscheiden:

- Die SACHDIMENSION: "Ich habe einen Garten, das macht viel Arbeit, jetzt blühen sicher die Schneeglöckchen".
- Die GEFÜHLSDIMENSION: "Ich mache mir Sorgen, ob ich bei dieser Krankheit wieder darin arbeiten kann, in meinem Alter noch ...".
- Die IDENTITÄTSDIMENSION: Der/die bin ich - das kann ich, ist mir wichtig, dort fühle ich mich kompetent (im Krankenhaus: Inkompetent, abgeschnitten, niemand sein). Sorge, ob sie die noch ist, bei dieser Krankheit.
- SPIRITUELLE DIMENSION: Der Garten drückt etwas aus von der Ordnung des Lebens der Güte der Dinge: Wachstum / Geschmack / Jahreszeiten /Schöpfung/ Rhythmus,

"Alles ist gut" (P.L. Berger),
Man bekommt ein Gleichnis für Leben, Werden und Vergehen, das Leben als Geschenk...

Was davon zutrifft bei *dieser* Patientin, das muss der Seelsorger/Begleiter in einem Feedback-Prozess herausfinden (z.B. Seelsorger/ Krankenschwester: "Ist das Ihr kleines Paradies ?").
SYMBOLISIERUNG ist die Möglichkeit, aber auch die Kunst der spirituellen Erschließung.
These: Jedes Wetter, jeder Gegenstand, jedes Gefühl usw. kann zum Symbol werden (Traum, Bild an der Wand, Spruch, Bild auf dem Nachttisch von der Familie, den Enkeln, OP-Wunde, Leib, Sport usw.). Wichtig ist im Gespräch mit Klienten/Patienten *deren Bedeutung* gelten lassen. Aber auch die Ambivalenzen "hören" z.B. beim Thema Sonnenuntergang: Das kann heißen Friede, Schönheit, Urlaub, aber auch Nacht, Vergehen, Trauer - oder beides zugleich.
Oder das Bild vom Enkel auf dem Nachttisch: "Soviel Leben!": Die sind jung. Ich bin stolz auf sie, das Leben geht weiter. Aber auch: Ich bin alt, werde weniger, Ende, Lebensbilanz.

Symbole, Bilder, Begriffe haben eine KLEINE TRANSZENDENZ: "Das ist mir wichtig", der Patient deutet sich: "So sehe ich mich", er übersteigt die reine Sachwelt. Symbole bedeuten eine vertiefte Wahrnehmung, sie weisen über sich selbst hinaus.
Symbole haben aber noch einen größeren Bedeutungsumfang: Sie sind aufgeladen mit Bedeutungen aus der Geschichte der Menschheit, der Literatur, der Psychologie, dem Alltag, dem Menschheitswissen: Enkel/Haus/Garten/

Wandern/Essen... haben eine spirituelle Bedeutung und Unterschwingung. Das ist die MITTLERE TRANSZENDENZ (z.B. Garten: Da nehme ich teil an der Ordnung des Lebens, an der Ordnung der Welt oder: da habe ich gelernt, was Mühe und Schweiß bedeuten).
Der spirituelle Begleiter hält dem Patienten das Symbol hin: "Ist es das ?" Passt mein Schlüssel zu deinem Schloss ? Schließt es dir etwas auf (z.B. "Ihr kleines Paradies?"; Tränen, Glück der Patientin). Die Spur könnte auch auf etwas anderes hinführen: Zu großer Garten, überfordert, zu viel Arbeit, dabei bin ich krank geworden. Dann könnte eine spirituelle Antwort vielleicht heißen: "Dornen und Disteln".
Der zweite Zwischenraum fordert dazu heraus, das persönliche Erleben (FÜHLBE-REICH), die persönliche Geschichte an das Menschheitswissen (DENKEN) anzuschließen; also die "kleinen Symbole" mit den "großen" der (religiösen) Weisheit in Beziehung bringen.
Der Begleiter ist nicht nur Spiegel für den Patienten ("ach ja, Sie konnten noch vor zwei Wochen im Garten arbeiten?" Oder: "Das kenne ich, ich habe auch einen Garten"). Er spricht auch nicht nur die Gefühle an ("und jetzt sind Sie traurig, dass Sie ..."), sondern der Begleiter bringt bereits eine Transzendenz mit. Die Transzendenz bringt er als Vertreter der Gesellschaft mit: "Der Pfarrer, die Krankenschwester, der Arzt sollten hören was ich, der Patient, kann, mir wichtig ist, wer ich bin". Die *Spiritualität* hat eine FELD-DYNAMIK: Im Feld des Seelsorgers und des Krankenhauses wacht eine bestimmte Spiritualitätsebene auf. Die Felddynamik, die der Seelsorger mitbringt, löst eine andere Spiritualitäts-Kommunikation aus, als die beim Arzt oder der Pflegeperson. Der Arzt hat z.B. für den Patienten auch die Rolle des Weisen oder des Priesters, (der ihm das Ende des Lebens ankündigt oder noch viele Jahre garantiert). In der Felddynamik des Seelsorgers kommt die GROSSE TRANSZENDENZ in Resonanz. Das Gespräch, das Symbol hat im Hintergrund den Horizont des Heiligen/Gottes/des Ewigen/einer höheren Wirklichkeit.
Sinnhelfer deuten das Leben im Horizont des Ganzen. Religion deutet das Leben über kurzfristige Interessen hinaus im heiligen Horizont (der Garten ist nicht nur Nahrung, Genuss, Romantik, Arbeit, Ökologie ..., sondern auch Geborgenheit, Schöpfung, Geschöpflichkeit, also gedeutete Wirklichkeit).
Die Sinnhelfer deuten auch durch die Art, wie sie zusammenfassen und würdigen ("das ist sicher Ihr kleines Paradies"), das stellt den Garten in den größeren Horizont. Sinnhelfer *helfen* bei Lebensdeutung und Sinnsuche. Sie *machen* nicht den Sinn und die Deutung, sie helfen nur beim Finden. Auch

beim Abstand zum Guten, also wenn der Patient etwas entbehrt oder zur Zeit nicht tun kann, dann ist seine Sehnsucht, seine Trauer, sein inneres Verbundensein mit dem Ersehnten wichtig für die Deutung seiner Situation. Der Helfer hat sein Ziel erreicht, wenn "das Herz brennt". Die Symbole, die er mit dem Patienten erschließt, sind wie Depot-Spritzen, sie haben eine Depot- oder Retardfunktion: Sie bleiben beim Patienten auch wenn er weggeht. Der Patient kann sich in diesem Symbol aufhalten, es weiter meditieren, es für sich weiter erschließen und damit sein eigenes Selbstverständnis weiter entfalten. Das Geheimnis mitbringen und es für dich aufschließen ist: Seelsorge im weitesten Sinn. Aber es muss in dir (Patient) zur Musik werden: Die Musik (der Symbolgehalt) draußen muss zum Geheimnis drinnen werden.
Der Mensch symbolisiert nicht erst, wenn er krank ist oder unbewußte Konflikte hat (Sigmund Freud), sondern weil er Mensch ist: Was ihn zutiefst bewegt, das teilt er symbolisch mit, das Wesentliche der Person. Er symbolisiert nicht nur, weil er sonst keine Worte hätte oder sich verstecken will. Er symbolisiert, weil er mehr über sich ausdrücken will als Tatsachen zu sagen. Ebenso ist die menschheitliche und religiöse Weisheit, die der Helfer mitbringt, das Tiefste was wir ihm mitgeben können: Da ist Sinn drin *und* Gefährdung, das Gute *und* das Schlimme des Lebens wird aufgefangen und gedeutet. Das setzt natürlich die Kunst der Helfer, der Spiritualitätshelfer voraus.

(3) Der dritte Zwischenraum ist DAS BEGEHEN. Also die Verbindung von MENSCH-HEITLICHEN KONZEPTEN und konkretem TUN und Ausdrücken. Es gibt Lebenswirklichkeiten, die kann man nicht "begleiten":
- Angefangen von den großen Übergängen: Geburt, Kind sein, Erwachsen werden, Partnerschaft, Heiraten, Sterben, Tod. Dies alles ist nicht erklärbar, sondern nur begehbar,
- bis hin zu Trauerwegen und Sterbeverläufen, die man nicht einfach begleiten kann (z.B. die Schlaflosigkeit der ganzen Nacht, die Appetitlosigkeit usw.).

Die Religion stellt diese großen Übergänge und die Durchgänge des Lebens in den Segen eines ganz Anderen. Als Person gebe ich nur *Geleit*: Ich begleite bis ans Tor - den Weg muss der Betreffende selbst gehen. Aber der Ritus ist eine Art Mantel, Nahrung. Der Ritus macht Übergänge begehbar, auch die Todeszone. Wie die Mutter am Abend für ihr Kind den Übergang in die Nacht begehbar macht, durch eine Geschichte, eine Geste, ein Kreuzzeichen. Die Weisheit der Religion sagt: Dein noch unbekannter Weg führt in das Geheimnis allen Lebens. Was Du durchmachen musst, dafür haben wir einen Modelldurchgang, den Ritus. Dein Weg ist *allgemein* (Menschheitskonzept) und *persönlich*, du musst ihn selbst tun. Jedem Ritus muss allerdings die Symbolisierung, die Ladung vorausgehen: Dann wird der Anschluss an die große Transzendenz gefeiert. Religiöse Rituale sind keine therapeutischen Rituale. Therapeutische Rituale bringen etwas zu Ende, religiöse Rituale eröffnen einen Weg, den der Begleiter nicht mehr weiter in der Hand hat, sondern den er einem Anderen anvertraut.

Segnen heißt: mein kleines Leben wird vor eine höhere Macht gebracht. Zum Beispiel Kreuzzeichen, Gebet, Kommunion, Segen, Letzte Ölung, Reisesegen. Das ist eine spezifische Aufgabe der Seelsorge. Krankenschwes tern und Ärzte haben andere, eigene (hilfreiche und verhindernde) Rituale. Das Begehen gilt auch komatösen oder verwirrten Patienten. Oft machen sie das Kreuzzeichen, auch wenn sie vorher wie bewusstlos dagelegen haben, eine Träne kommt, ihre Lippen bewegen sich. Das religiöse Tun weckt den religiösen Horizont: Es aktiviert das Menschheitswissen, das spirituell gedeutet wird.

Dies alles ist der DREIPASS DER SEELSORGE: BEGLEITEN, SYMBOLISIEREN, BEGEHEN. (Abb. 2)

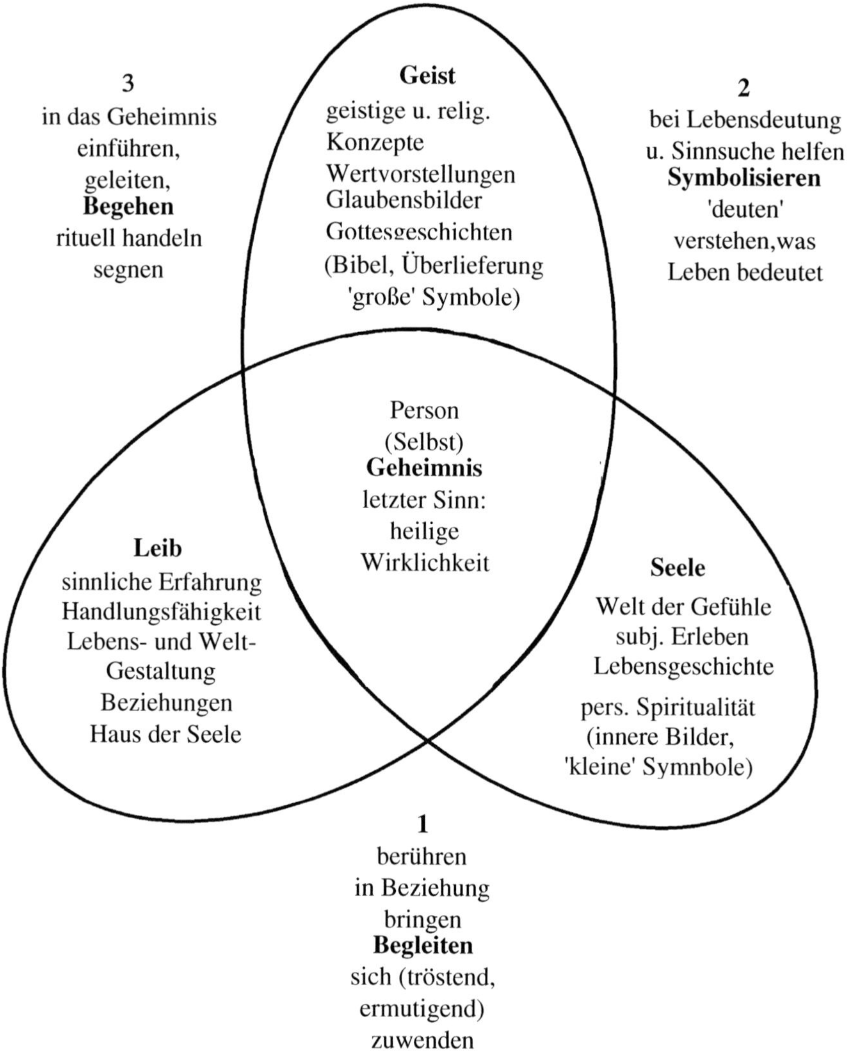
3
in das Geheimnis
einführen,
geleiten,
Begehen
rituell handeln
segnen
Geist
geistige u. relig.
Konzepte
Wertvorstellungen
Glaubensbilder
Gottesgeschichten
(Bibel, Überlieferung
'große' Symbole)
2
bei Lebensdeutung
u. Sinnsuche helfen
Symbolisieren
'deuten'
verstehen,was
Leben bedeutet
Person
(Selbst)
Geheimnis
letzter Sinn:
heilige
Wirklichkeit
Leib
sinnliche Erfahrung
Handlungsfähigkeit
Lebens- und Welt-
Gestaltung
Beziehungen
Haus der Seele
Seele
Welt der Gefühle
subj. Erleben
Lebensgeschichte
pers. Spiritualität
(innere Bilder,
'kleine' Symnbole)
1
berühren
in Beziehung
bringen
Begleiten
sich (tröstend,
ermutigend)
zuwenden

(4) Dieses Modell hat noch eine Leerstelle: Die MITTE. Das ist zunächst das Loch, das Menschen in Krankheit oder angesichts des Sterbens empfinden. "Warum ?" - fragen Menschen in Krisen. Die Mitte ist das Unverfügbare, das nicht Machbare. Menschen fragen: was hat mein Leben jetzt noch für einen Sinn? (Die zentrierende Mitte fehlt, sie empfinden sich nur noch in Teilen). Zugleich ist darin die Frage nach der *verbindenden* Mitte, die Denken/Fühlen/Tun zum Ganzen macht. Die MITTE ist das Loch und *zugleich* die Radnabe, um die sich alles dreht, DAS GEHEIMNIS DER PERSON, und zugleich die sinngebende Mitte, die HEILIGE WIRKLICHKEIT.

2.4 Wie aber kann man über Sinn reden? Ich kann als Helfer dem Patienten *nicht* den Sinn *geben.* Meine These ist: SINNFRAGE und IDENTITÄTSFRAGE sind miteinander verkoppelt. (Abb. 3)

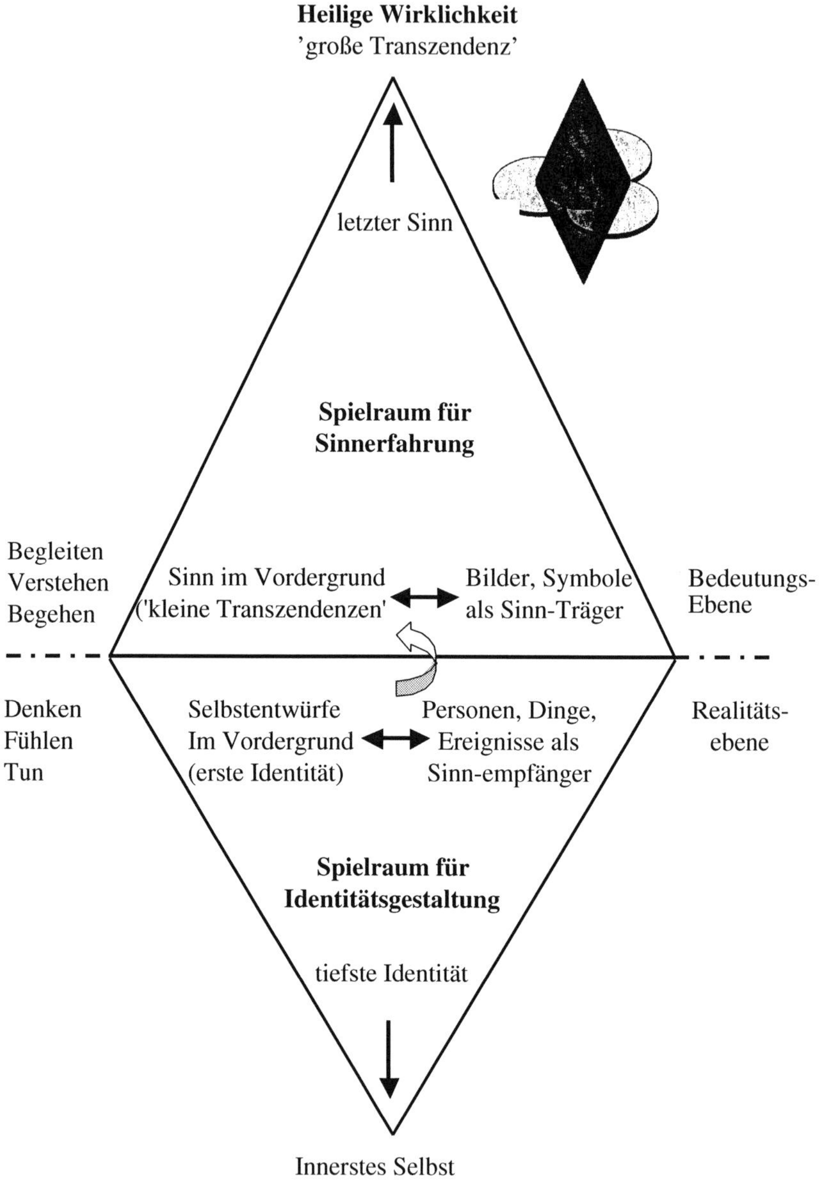
Heilige Wirklichkeit
'große Transzendenz'
letzter Sinn
Spielraum für Sinnerfahrung
Begleiten
Verstehen
Begehen
Sinn im Vordergrund
('kleine Transzendenzen'
Bilder, Symbole
als Sinn-Träger
Bedeutungs-Ebene
Denken
Fühlen
Tun
Selbstentwürfe
Im Vordergrund
(erste Identität)
Personen, Dinge,
Ereignisse als
Sinn-empfänger
Realitäts-ebene
Spielraum für Identitätsgestaltung
tiefste Identität
Innerstes Selbst

Der Sinn ist an Gestaltungsorte gebunden: Das sind die Identitätsmomente des Menschen. Das sind z.B. Leib, Geschlecht, soziale Beziehungen, Heimat, Haus, Umgebung, Besitz, Beruf, Hobby, Urlaub, Erinnerungen, Werte; geistiger oder spiritueller Horizont.
IDENTITÄT ist die Bündelung aller Identitätsmomente. Bei Krankheit und Sterben bricht das Bündel der Identitätsmomente auseinander: Ich bin nicht mehr, der ich einmal war.
Sinnsuche ist: Identitätsentwürfe und Selbstentwürfe von mir aus in die Welt setzen und sehen, ob es eine *Sinn-Antwort* darauf gibt. Es genügt nicht, einer Sache nur eine Bedeutung zu *geben*, ich muss die Bedeutung auch suchen und finden, die Wirklichkeit gibt mir auch Antwort auf meine Sinn- und Selbstentwürfe. Die Sinn-Resonanz ist wichtig.

- Es gibt einen SINN IM VORDERGRUND: Das normale Leben (z.B. dass ich jeden Tag zur Arbeit gehen kann).
- Es gibt einen SINN IM HINTERGRUND: Wer bin ich vor dem Welthintergrund/Kosmos/All-Einen/Geist/höhere Macht... .

Der Mensch sucht nach einem Hintergrund, der alles umfaßt ("alles ist zuletzt gut"). Sich im Ganzen der Welt verstehen wollen, auch wenn mir etwas fehlt (in meinen Identitätsmomenten). Für diesen Sinn im Ganzen hat heutzutage jeder ein eigenes "Fenster".

- Die ERSTE IDENTITÄT ist: Alltägliche Identifizierungen (ich fahre heute ins Büro, pflege Menschen, habe ein Haus, Enkel ...).
- Die TIEFSTE IDENTITÄT ist: Das Geheimnis der Person, das innerste SELBST, das auch dann noch einen Sinn hat, wenn bei Krankheit oder Sterben Identitätsmomente wegfallen.

SINN IM HINTERGRUND bedeutet: Dass es überhaupt eine Resonanz zwischen den Selbstentwürfen und der Wirklichkeit gibt (Sinnantwort). Die "Sonne" im Hintergrund macht den Vordergrund des Lebens sichtbar. Der heilige Horizont ermöglicht, dass Leben sich erfüllt und im Ganzen umfassend Sinn hat. Religion ist eine "Linse", die gut geschliffen sein muss, die alle, auch die dunklen Strahlen des Lebens sinngebend bündeln kann.

Wichtig ist: Die Methoden machen nicht das Loch zu, sie füllen es nicht auf (Trauer, Abschied, Sterben), sondern sie ergeben einen hermeneutischen Prozess für den Weg: Symbole sind dynamisch, verschiedene Stationen auf dem Weg haben verschiedene Symbole nötig. Symbole reizen zu einem Prozess der Auseinandersetzung.

SPIRITUALITÄT ist: Wie der Mensch die Beziehung zu diesem Sinn/Lebensgeheimnis erfährt und gestaltet. Das heißt wie er den Sinn erfährt und wie er die Sinnantwort bewertet (ob er sich verlassen, trostlos, dem blinden Schicksal gegenüber vorfindet oder Vertrauen hat, stille Freude, Gottesferne spürt, zuversichtlich ist klagt....).

ALLTAGS-SPIRITUALITÄT ist: Die alltägliche Sinngestaltung (z.B. "Garten" ist: Gute Ordnung oder "Mühe des Lebens" usw.).
GLAUBENS-SPIRITUALITÄT ist: Sich mit der heiligen Wirklichkeit in Verbindung bringen (z.B. der Garten der Patientin - das Paradies der Religion).

So kann das Loch zur Quelle werden (R. Smeding), aus der ein Mensch leben kann. Die Quelle ist kein festes Paket, sondern sie eröffnet Geschichte, sie erschließt sich im Gehen. (Abb. 4)

Heilige Wirklichkeit
'große Transzendenz'
Geheimnis
Über und hinter allem

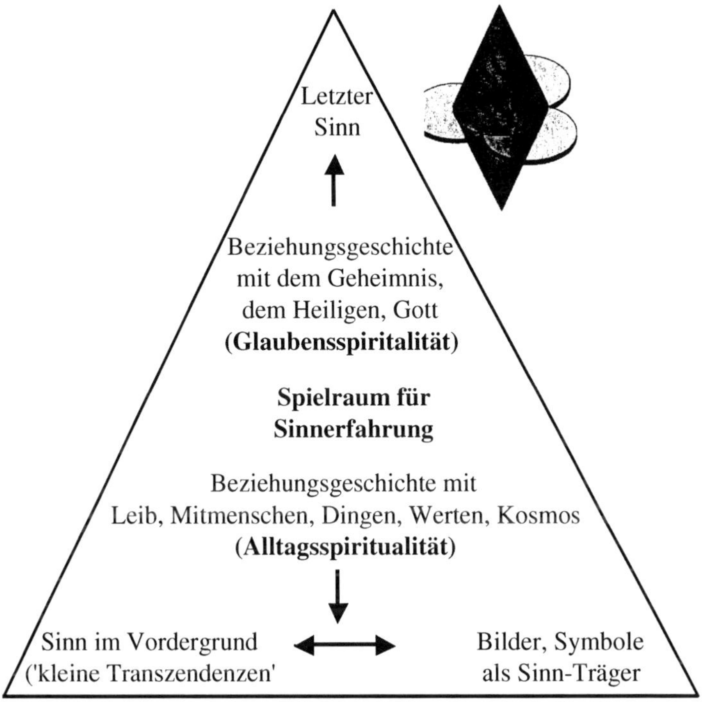

Jede Religion hilft heilen, jede Spiritualität ist gut, so lange sie einen guten, lebensfördernden, vertrauenswürdigen Strom ergibt. Das kann eine "kleine" Stammesreligion sein mit einem Schamanen als Priester oder das kann eine "große Religion" sein, die die Menschheit mit allen Widersprüchen im Kosmos zu deuten versucht. Das Geheimnis ist vielfältig interpretierbar. Menschen haben verschiedene Fenster zu diesem Geheimnis.

3. Einige zusammenfassende Punkte zum Schluss:

3.1 Mit dem MODELL VON DEN ZWISCHENRÄUMEN möchte ich zeigen, dass Menschen sich nicht nur über die bekannten Kanäle DENKEN/ FÜHLEN/TUN äußern und sich darüber mit Sterben, Krankheit und Trauer auseinandersetzen. In diesen Zwischenräumen ist bei weitem nicht nur die Seelsorge kompetent:

- BEGLEITEN ist eine Basisqualifikation aller helfenden Berufe.
- BEGEHEN ist eine Dimension aller Berufe - wobei Pflege, ärztliche Therapeuten, Krankenhäuser eigene Formen von Ritualen haben. Seelsorge hat besondere Rituale (rituelle Handlungen und Riten).
- Ebenso beim SYMBOLISIEREN: Patienten symbolisieren, weil sie damit ihrem Leben Bedeutung geben. Begleiter helfen, diese Symbole zu entschlüsseln, zu würdigen und sie bekräftigt, korrigiert oder vertieft dem Patienten "zurückzugeben" als deren eigene Ressource.

Über diese Kanäle "BEGLEITEN/BEGEHEN/VERSTEHEN" äußern Patienten ihr inneres System. Das können alle helfenden Berufe aufgreifen, zuhören, es sich entfalten lassen und damit dieses innere System der Selbstvergewisserung stärken.

3.2 Die Seelsorge macht das ganz besonders, sie regt sogar diese Resonanz aktiv an, bringt sie bewusst zur Sprache und hilft dem Patienten, mit Hilfe des größeren Horizontes seine Sicht zu vertiefen und seinen Verarbeitungsraum zu erweitern. Sie holt sogar die großen menschheitlichen und religiösen Symbole herbei und schaut mit dem Patienten, ob sie seine "kleinen" Symbole vertiefen und ihnen eine eigene Kraft geben. Sie schaut, ob sie die kleinen an die großen Symbole anschließen kann, so dass *die in den religiösen Symbolen deponierte Kraft und Weisheit* die eigenen Symbole befruchten und ihnen eine auch bei Krankheit, Krise und Sterben wirksame Tragekraft geben können.

3.3 Also: Spirituelle Hilfe können alle Helfer geben - indem sie auf die spirituelle Unterschwingung der Patienten hören und sie mit ihnen würdigen. Man muss da nicht Theologe sein, wohl aber ein behutsamer Zuhörer und Begleiter und ein Mensch, der selbst etwas von der Weisheit des Lebens versteht (vom Paradies, von den Enkeln, von der Kunst usw, da hat jeder seine eigene Begabung). Sterbende brauchen keine Therapie im Sinne von Psychotherapie; Menschen sind zu allen Zeiten gestorben, auch ohne dass sie

eigens eine Therapie bekommen haben. Sterbende brauchen aber Helfer, die auf der spirituellen Ebene aufmerksam sind.
Von der Stressforschung wissen wir, dass diese Dimension "Spiritualität" eine eigene Qualität hat und eine unverzichtbare Hilfe im Leben und im Sterben ist.

3.4 Das Ziel ist nicht die Therapie *des* Sterbens, sondern das Sterben für den Betroffenen mit Hilfe von Begleitung, Symbolisierung aber auch mit Hilfe der Spiritualität begehbar zu machen.
PALLIATIV heißt: Die "Tragflächen" des Menschen verbreitern, nicht ihn selbst tragen wollen (R. Smeding). Die spirituellen Kräfte sind nachweislich die am tiefsten verankerten, bis zuletzt wirksamen und tragkräftigen Fähigkeiten im Menschen. So dass sich der Patient in guten Bildern des Lebens wiederfinden und seine Lebensbilanz in einen guten "Container" tun kann. Auch "Begehen" ist Sterbebeistand; rituelles Begehen, es muss nicht alles besprochen sein, nicht alles durchgearbeitet und bewusst gemacht werden. Es muss manchmal einfach nur getan und dargestellt werden. Die Rituale der Religionen (und die Rituale der Pflege und der anderen therapeutischen Dienste) haben einen eigenen Symbolgehalt und sie bedeuten dem Patienten etwas, was man oft garnicht anders ausdrücken kann. Es muss also nicht alles bewusst gemacht und durchgearbeitet werden! Im Gegenteil: wir begegnen Menschen, die sich nicht ausdrücken und nicht durcharbeiten können und dennoch bringen wir den großen Horizont - am Ende: den Heiligen Horizont - mit, in dem alles Leben und Sterben steht.

Literatur:

E. Weiher, Mehr als Begleiten - ein neues Profil für die Seelsorge im Raum von Medizin und Pflege. Mainz, 1999.

E. Weiher, Die Religion, die Trauer und der Trost - Seelsorge an den Grenzen des Lebens. Mainz, 1999.

Rolf-Heinz Geissler

Rituale der Trauer bei Frauen und Männern

I. Zugänge.- Der Isenheimer Altar - Bilder von "anschaulicher Trauer"

Der Isenheimer Altar setzt sich aus zwei Elementen zusammen: Dem Altarschrein, um 1490 von Nicolas von Hagenau geschnitzt, und einem von Matthias Grünewald 1512-1516 gemalten Teil, bestehend aus zwei ruhenden Bildtafeln und zwei Serien beweglicher, auf beiden Seiten bemalter Flügel.
Der geschlossene Altar stellt die Kreuzigung dar, umrahmt von St. Sebastian (links) und St. Antonius (rechts), auf der Predella ist die Grablegung dargestellt.

Dieser Altar soll im folgenden unter dem Gesichtspunkt der Trauer betrachtet werden: Welche Bilder von Trauer werden hier gemalt?

1. Szenen der Trauer: am Kreuz

Im Bild von der Kreuzigung nimmt **Jesus** die Mitte ein: Er ist der Leidende, Sterbende, Verstorbene. Er ist der Verlust der Menschen, die um ihn stehen. Er ist es, um den getrauert wird.

Seine Mutter, *Maria von Nazareth,* bricht unter dem Leid haltlos zusammen. Ihr bleiches Gesicht spiegelt ihre innere Leblosigkeit. Verkrampft hält sie ihre Hände. Ihre Augen sind geschlossen. Sie schaut in sich selbst. In sich gekehrte Trauer der Mutter.

Der Jünger ***Johannes*** fängt Maria v. N. auf und hält sie fest. Er begleitet sie in ihrer Trauer. Darin übernimmt er stellvertretend die Aufgabe des Sohnes (wie das Johannesevangelium schreibt). Er handelt, ist ganz auf den trauernden Mitmenschen bezogen. Deshalb sind seine Augen auf Maria, seine neue Mutter, gerichtet. Handelnde Trauer des Jüngers - als "Sohn".

Die Freundin ***Jesu, Mada Magdalena,*** kniet zu Jesu Füßen, sie ist ihm viel näher als seine Mutter. Sie ist ihm bis in seinen Tod gefolgt. Sie bringt ihre Trauer in ihren ringenden Händen zum Ausdruck, ihre Augen sind auf Jesus gerichtet. Sie schaut dem Leidenden ins Gesicht, weicht dem schmerzlichen Anblick nicht aus. Expressive Trauer der Liebenden.

Der Vorläufer Jesu, ***Johannes der Täufer,*** übernimmt noch einmal seine Rolle als Prophet und Lehrer. Seine rechte Hand weist auf Jesus hin, “er muss wachsen...”, auf diesen Menschen haben die Betrachtenden ihr Augenmerk zu richten, diesen Menschen haben sie in sich wachsen zu lassen. Die linke Hand hält die Heilige Schrift, auf die er sich in seiner Lehre bezieht, "an die er sich hält". Seine Augen sind auf die Trauernden gerichtet - ihnen gilt die Anrede. Er selbst steht gleichsam außerhalb des Trauererlebens.

2. Szenen der Trauer: am Grab

Der Jünger Johannes legt Jesus neben dem Grab ab. Er erweist ihm die letzte Ehre, bereitet die irdische Ruhestätte. Er "handelt". Maria v. N. hat sich fast vollständig verhüllt. Sie ruht neben ihrem verstorbenen Sohn, ist dabei ganz in sich gekehrt. Maria Magdalena erscheint bewegter, noch immer ringt sie verzweifelt ihre Hände. Sie richtet einen letzten Blick auf den geliebten Meister. Zugleich hat sie sich schon etwas von ihm entfernt, sie beginnt ihn loszulassen.

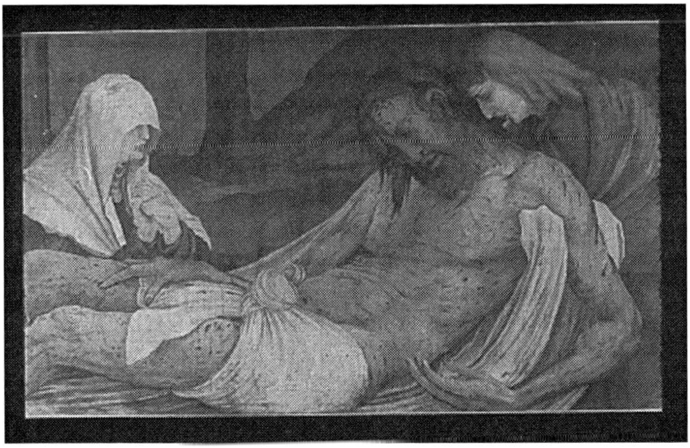

3. Hände und Blick: am Kreuz

Noch einmal schauen wir auf diese beiden Bilder, und richten die Aufmerksamkeit auf die ***Hände*** und ***Augen***. Beide Körperteile sagen etwas über die Situation aus, nach der Regel "pars pro toto" - ein Teil spricht für das Ganze. Hände und Augen haben Bedeutung für das ganze Menschsein, das bestätigen die Redewendungen wie: ein Mensch "mit Hand (und Fuß)", "Handeln" als Bezeichnung des gesamten menschlichen Tuns, "etwas im Blick haben", "sein Gesicht wahren/verlieren".

Jesu rechte Hand zeigt eindrücklich seinen Schmerz, sein Leiden, seinen Tod. Das Leben ist aus der Hand geglitten.

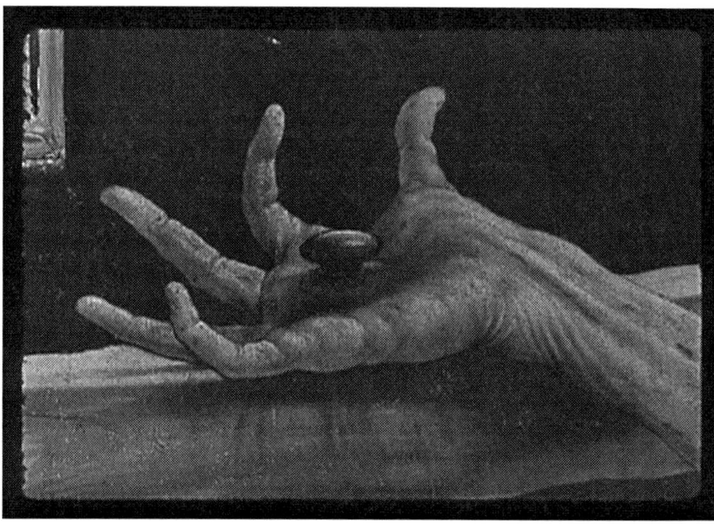

Maria v. N. hält sich ihre Hände im Schmerz, sie hält sich selbst fest, sie ist der Ohnmacht nah. Ihre Augen sind verschlossen. Sie hat sich vom Sohn abgewandt, sie kann den Anblick nicht ertragen.

Die Hände des Johannes halten und packen zu. Er ist der stützende, "handelnde" Begleiter.
Sein Blick ist der leidenden Mutter „zugewandt" sie schaut er an. Darin nimmt er die ihm zugewiesene Aufgabe (Sohn sein) wahr.

Der Blick von Maria Magdalena ist auf Jesus gerichtet, den Sterbenden / den Verstorbenen.

Sie hält diesen Blick. Sie schaut dem Leidenden ins Gesicht. Dies ist der Blick der Liebenden! Vielleicht sind auch ihre Haare in der vollen Schönheit und ihr zartes Gesicht ein Hinweis auf die liebevolle Beziehung.

Ihre Hände sind gefaltet, die Finger verschränkt und gespreizt, Ausdruck ihrer Verzweiflung.

(Ist ein Schein um ihre Hände?)

Johannes d. T. blickt auf die Trauernden (nicht auf Jesus). Seine rechte Hand verweist auf Jesus, aus innerem Abstand, aus prophetischem Interesse. Seine linke Hand ist im "Rückgriff" auf die Heilige Schrift, aus belehrendem Interesse. Beide Hände charakterisieren ihn als einen Handelnden (der sich eigentlich an die Betrachtenden, die leidenden Kranken im Hospital wendet).

4. Hände und Blick: am Grab

Die Hände des Jüngers Johannes betten den Leichnam. Sie "handeln". Im Gegensatz zum Kreuzigungsbild ist sein Blick in sich gekehrt, eine Veränderung in der Trauerhaltung.

Maria v. N. sitzt diesmal näher bei Jesus. Ihre Hände neigt sie zu sich selbst. Ihr Gesicht ist noch mehr verhüllt. Ihre Augen sind nicht zu erkennen, als wolle sie sagen: "Ich will / kann nichts sehen". Sie ist verstummt.

Maria Magdalenas Hände sind gefasster. Sie nimmt mehr Abstand zu Jesus ein - ist sie schon "weiter" auf dem Weg ihrer Trauer? Ihr Kopf und ihr Gesicht sind frei. Mit weit geöffneten Augen schaut sie hin. Ihr Gesicht selbst erscheint entstellt. Ihre Haare sind aufgelöst. (vielleicht ein Zeichen für ihre Frage: Was wird aus der Liebe? Löst sie sich auf?

Zwei Menschen begegnen sich im Gespräch. Was haben sie einander zu geben? Achten wir auch hier auf die Sprache der Hände!

Bei der Hand-Geste des St. Paulus fällt die Haltung der Finger auf. Ist sie - wie in der orthodoxen Tradition - ein Hinweis auf Christus? Wenn ja, dann bilden die Finger eine alte Segenshaltung, nämlich die griechischen Buchstaben: 1 C X = IqaouC X-ptaroC = Jesus Christus. Dann enthält diese Geste zwei Aussagen: 1. im Blick auf St. Paulus selbst: "Ich halte mich (mit meiner Hand) an Jesus Christus, Gott lebt in meiner Hand," 2. im Blick auf St. Antonius: "Sei gesegnet in Jesus Christus."

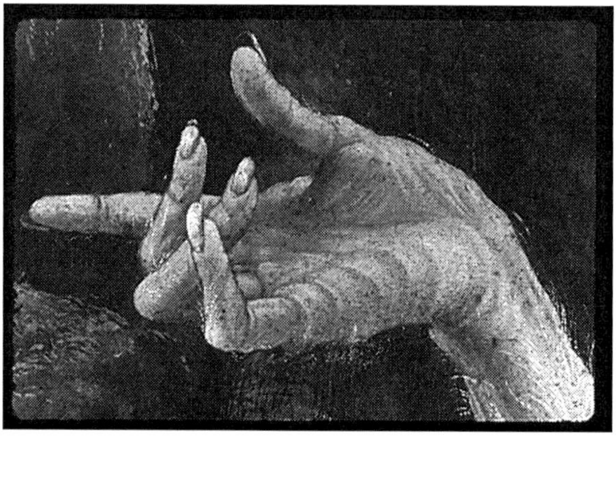

II Gestaltung der Trauer durch Kreativität und Ritual

Anton Rotzetter beschreibt in seinem Buch "Franz von Assisi: Erinnerung und Leidenschaft"[1] das Wesen franziskanischer Spiritualität in einem Kapitel, dem er die Überschrift gibt: "Poesie und Ritual als Elemente der franziskanischen Spiritualität". Am Ende seiner Ausführungen überträgt er beide Elemente auf das gesamte menschliche Leben: "Gestaltung des täglichen Lebens durch Poesie und Ritual"[2].

Ich greife die Grundgedanken von Anton Rotzetter auf und übertrage sie auf die Gestaltung der Trauer - in der Vermutung, auf diese Weise Wesenselemente der Trauer und ihrer Entwicklung zu erkennen und zu verstehen.

1. Wirkkräfte in der Trauer

Anton Rotzetter geht von der These aus: "Poesie und Ritual verkörpern für mich zwei entgegensetzte Bewegungsabläufe, die im Idealfall sich gegenseitig zu immer neuen Höhen hochtreiben"[3]. Auf Trauer übertragen heißt das: Trauer vollzieht sich in einem dynamischen Prozess, in dem unterschiedliche Kräfte am Werk sind. Dieses dynamische Verständnis von Trauer entspricht dem Begriff "Trauerarbeit", der auf Freud zurückgeht, der von der "Arbeit, welche die Trauer leistet" sprach[4].

Wie sehen nun die beiden Wirkkräfte Poesie und Ritual aus?

2. Wirkkraft Poesie – Kreativität

"Mit Poesie ist die kreative Subjektivität des Menschen gemeint, eine überdurchschnittliche Ausdrucks- und Symbolfähigkeit, die – aus sich heraustretend, sich übersteigend – neue Realitäten schafft oder wenigstens zeichenhaft in den Raum stellt"[5].

"Poesie" ist hier in Anlehnung an den ursprünglichen Wortsinn (griech: ποτετν = Tun) als *Ausdrucksfähigkeit* zu verstehen. Es geht um eine *Bewegungs-*

---

1 Freiburg: Herder, 1989, S. 147 ff.

2 S. 162.

3 S. 148.

4 Spiegel, S. 34.

5 S. 149

richtung von innen nach außen: Das innere Erleben verlangt nach Ausdruck im Handeln. Stationen dieses Weges sind: Erleben - denken - sprechen - tun. Am Ende steht das Handeln, das unterschiedliche Gestalt annehmen kann: Dichten (Poesie). künstlerisches, politisches, soziales Handeln.

Das aus dem Lateinischen stammende Wort *Kreativität* (creare = schaffen) bringt diese erweiterte Begrifflichkeit angemessen zur Sprache. "Kreativität" weist auf die gestalterische Fähigkeit dieser Kraft hin: Kreativität schafft, erschafft etwas (vgl. Creator = Schöpfer). Der Mensch gelangt zu höchster Ausdruckskraft, im Blick auf das Dichten spricht Anton Rotzetter von der "Fähigkeit zur poetischen Ekstase"[6]. Ursprung dieser Schaffenskraft ist der einzelne Mensch, das Individuum, Das Erschaffen spiegelt also Individualität, ist Ausdruck der Person, zeigt die Persönlichkeit.

Auf die Trauer bezogen: Ein Mensch *erlebt* den Verlust eines geliebten Menschen, er *wird* sich der Bedeutung dieses Verlustes *bewusst*, er *denkt* über sein Erleben nach, er *spricht* sich aus, und er *handelt* aus seinen Gefühlen und Gedanken. Dabei geht er seinen eigenen Weg. *Er - gestaltet - seine Trauer.* Und dies aus den je individuellen Fähigkeiten, verknüpft mit den individuellen "Begabungen", der individuellen Geschichte (Sozialisation), der jeweils vorhandenen gesellschaftlichen Situation (Kultur, Lebensumstände),

3. Wirkkraft Ritual

Die entgegengesetzte Bewegungsrichtung ist bei der rituellen Symbolisierung gegeben. Hier handelt es sich um "vorgegebene, unter Umständen historisch weit zurückliegende und sozial akzeptierte, also objektive Symbolhandlungen. Die *Bewegungsrichtung* verläuft von *außen nach innen:* Symbole, die in mehr oder weniger großer Entfernung zur eigenen Erlebniswelt stehen, aber eine besondere Affinität zur ihr haben, werden internalisiert"[7].

Ursprung dieser Wirkkraft ist die "soziale Phantasie"[8], die Geschichte der Menschheit. Der einzelne Mensch findet Riten vor - er kann sie übernehmen, sich aneignen sich in sie fallen lassen. Er braucht sie nicht zu erfinden (s.o. Erschaffen), sondern nachzuvollziehen. Anton Rotzetter spricht von "mimetischer Symbolisierung", es geht um "Nachspielen vorgegebener Verhaltensweisen"[9].

---

6 S. 149

7 S. 151 f

8 S, 152

9 S. 152

Rituale werden weniger durch kognitive Erkenntnis, als vielmehr durch *mithandelnde Teilnahme* erschlossen, Rituale wirken, indem wir sie begehen Rituale wirken nicht, indem wir sie erklären. So sagt Anselm Grün: "Rituale... wirken nicht, indem wir sie verstehen, sondern indem wie sie üben"[10].

Wie Rituale wirken, wird an einem Text aus dem "Kleinen Prinzen" von Antoine de Saint- Exupéry[11] ....:

> "Es wäre besser gewesen, du wärst zur selben Stunde wiedergekommen", sagte der Fuchs. "Wenn du zum Beispiel um vier Uhr nachmittags kommst, kann ich um drei Uhr anfangen, glücklich zu sein. Je mehr die Zeit vergeht, um so glücklicher werde ich mich fühlen. Um vier Uhr werde ich mich schon aufregen und beunruhigen; ich werde erfahren, wie teuer das Glück ist. Wenn du aber irgendwann kommst, kann ich nie wissen, wann mein Herz da sein soll ... Es muß feste Brüche geben".

Das Beispiel zeigt: wiederkehrende Tage, gleichbleibende Stunden, regelmäßig wiederkehrende Abläufe, vorgegebene Handlungen entlasten davon, immer neu zu planen, zu schaffen, zu erfinden, in jedem Augenblick kreativ und spontan zu sein[12] - dies ist besonders in Zeiten hilfreich, wo die Schaffenskräfte schwach sind und der Mensch sich in vielem überfordert fühlt - wie in der Trauer.

Auf die Trauer bezogen: Ein Mensch kann in seiner Trauer auf vorgegebene Verhaltensweisen zurückgreifen. Diese sind in der Geschichte der Menschheit entstanden, wurden weitergegeben, verändert, erneuert. Die Überlieferung erfolgte auf den Wegen sozialer Vererbung:

- in der Familie (Erziehung, Triangulierung, psychisches Wachstum)
- in der Altersgruppe (Kindergruppe, Jugendgruppe)
- in der Wohngemeinschaft (Sippe, Straße, Dorf, Region)
- in der Lerngemeinschaft (Schule)
- in der religiösen Gemeinschaft (Kirche)
- in der Volksgemeinschaft (Sprache)
- in der Kulturgemeinschaft

Hier wurden und werden je Trauerrituale übernommen, gelebt, umgestaltet, weitergegeben.

---

10 Grün S. 45, vgl. S. 39.

11 S. 68, vgl. Rotzetter, Beseeltes Leben, S. 107.

12 Anton Rotzetter S. 108.

Grün unterscheidet folgende Rituale[13]:

- Persönliche Rituale
- Familienrituale
- Gemeinschaft stiftende und ordnende Rituale (Unternehmen, Schule, Jugendgruppen)
- Neue Rituale (Frauen, Therapeutische Rituale)
- Kirchliche Rituale (Sakramente, Beerdigung)

Diese unterschiedlichen Rituale helfen auch im Erleben und Gestalten der Trauer.

4. Das Zusammenwirken beider Wirkkräfte

Beim genauen Hinsehen wird deutlich, dass die beiden Wirkkräfte *individuelle Kreativität* und *gesellschaftliches Ritual* zwar gedanklich unterschieden werden können, jedoch in der Praxis gleichzeitig wirken und sich wechselseitig beeinflussen.

Für das Verstehen, bzw. Gestalten der Trauer im Alltag ist es hilfreich, um beide Trauerformen zu wissen und ihre jeweiligen Grenzen und Möglichkeiten zu kennen, um Abwege zu verhindern und Heilungswege zu eröffnen.

Abwege können sein: die individuelle Kreativität nimmt selbstschädigende oder selbstzerstörerische Formen an, das gesellschaftliche Ritual überfordert den Trauernden oder bietet ihm keine Hilfe.

Umgekehrt kann Kreativität bestehende Rituale bereichern und situationsgemäß mit Leben erfüllen, und Rituale können Kreativität anregen.

III. Gestaltung der Trauer durch biographische Aufzeichnungen

1. Ein Erfahrungsbericht

Liliane Giudice legt in ihrem Buch "Ohne meinen Mann. Aufzeichnungen einer Witwe"[14], einen anschaulichen Bericht über ihr Trauererleben vor. Darin werden ihre persönlich-individuellen und ihre an gesellschaftlichen Normen orientierten

13 S. 5-9

14 Stuttgart: Kreuz, 1970, 188 1 0.A.

Verhaltensweisen erkennbar. M.a.W: dieser Erfahrungsbericht zeigt individuelle und gesellschaftlichen Trauerrituale – aus Erleben und Reflektieren einer Betroffenen.

Zugleich stellt das Schreiben selbst ein eindrückliches persönliches Trauerritual dar. Diese Frau schreibt sich ihr Erleben von der Seele – und bietet durch die Veröffentlichung anderen Trauernden die Möglichkeit, durch Identifikation (und Gegenidentifikation) sich mit der eigenen Trauer auseinanderzusetzen. Nach den ihr zugegangenen Briefen[15] haben viele Leserinnen durch die Lektüre Verständnis ihres eigenen Erlebens erfahren, ja sie wurde zu einer tröstenden Begleitung.

2. Zitate, die auf individuelle und gesellschaftliche Rituale hinweisen

> "Der Tod ist doch etwas so seltsames, dass man ihn unerachtet aller Erfahrung, bei einem uns teuren Gegenstand, nicht für möglich hält und er immer als etwas Unglaubliches und Unerwartetes eintritt. Er ist gewissermaßen eine Unmöglichkeit, die plötzlich zur Wirklichkeit wird" (Goethe)[16].

Gespräch mit einem Toten

> "Gespräch mit einem Toten, Gespräch voll zärtlicher Hingabe, weil man dem Toten seine Liebe auf den Weg mitgeben möchte; man wird sich ja lange nicht mehr sehen. Ein scheues Gespräch, denn ein Geheimnis hat sich zwischen uns geschoben."[17]

Liliane Giudice hat die Todesnachricht gerade erhalten, sie will den Verstorbenen sehen, sie setzt sich zu ihm und berührt ihn, dann redet sie mit ihm. Ein Ritual das ihr hilft, sich auf das Unglaubliche und Unerwartete (Goethe) einzulassen.

Begräbnis - "Stufen einer Tortur"

---

[15] S. 115 ff

[16] S. 13

[17] S. 14

"Es wurde ein ganz normales Begräbnis erster Klasse, und ich durchlief alle Stufen einer Tortur, wie sie vorgeschrieben sind bei unseren Zeremonien für einen toten Körper,

- Die erste Stufe: der Sarg in der Friedhofskapelle. Geschlossen war er noch hässlicher, In diesem Gehäuse lag Oki mit meiner Rose.
- Die zweite Stufe: auf dem Harmonium "Morgenglanz der Ewigkeit". Okis liebstes Kirchenlied. Es brachte nur eine kurze Freude, aber dann fegte die Melodie meine Fassung hinweg. Es war ein gefährlicher Augenblick. Ich wollte nicht in Gefühlen versinken, sondern klar denken: Nach Gottes Verheißung lebt Oki jetzt in einer anderen Form des Daseins, die Gott will. Glaube ist nüchtern. Ich klammerte mich an die ruhigen Worte des Dekans. Sie boten mir Halt.
- Die dritte Stufe: Der Sarg wird gehoben. Sechs Männer mit grotesken Hüten tragen ihn davon.
- Die vierte Stufe: der Weg zum Grab. Warum gehen wir so langsam, mit theatralischen Schritten?
- Die fünfte Stufe: der Blick in die Grube. Erde, rote fette Erde. Aus Erde kommst du, zu Erde wirst du; wie einfach. Ich hatte ein Doppelgrab gekauft, und einmal wird auch für mich eine gleich große Grube daneben aufgeworfen werden, und dann liege ich neben Oki. So habe ich ein Gefühl der Ordnung und des irdischen Abschlusses einer Gemeinsamkeit, nach der unsere Körper, auch entschlafen, nebeneinander liegen / und vergehen sollen, wenn kein Krieg die Erde aufreißt und unsere Leiber herausschleudert. Man reicht mir Rosen, ich werfe sie auf den Sarg, bald werden sie ersticken. Man reicht mir eine Schaufel, die Erde rollt über die Blumen. Für einen toten Körper so viele tote Blumen. Ich hätte es verhindern sollen.
- Die sechste Stufe: Ich sah mich um; es stand eine lange Reihe von Menschen. Jemand hatte mir gesagt, dass ich nicht zu bleiben brauchte. Vielleicht beleidige ich die Leute, die schon anfingen, Erdkrumen zu werfen und mir die Hand zu geben, wenn ich ginge. Mir war es gleichgültig. Ich litt hier und überall.

Die letzte Tortur: die Gespräche nach der Beerdigung.
Jetzt weiß ich, wie ich Oki hätte beerdigen sollen: keine Anzeigen, keine schwarzen Kleider, keine Blumen, keine grotesken Hüte, keine Fremden an seinem

Grab, keine Gespräche danach. Der Tod war etwas zwischen Gott, Oki und mir. Alles war falsch, was mich davon abgelenkt hatte."[18]

Liliane Giudice steht *während* der Beerdigung in großer Abwehr gegen das Ritual - dahinter steht m.E. ihr Zorn wegen des Todes ihres Mannes. D.h. die Aggressivität wird gegen das Ritual gerichtet, gilt aber eigentlich einem ganz anderen (Gott?, dem Leben? ...).

Im Rachen der Angst

> "Oki war auf dem Wege zu Gott, mit jedem Augenblick entfernte er sich mehr. Ich blieb zurück im Rachen der Angst, wie es im Buch Hiob heißt. Im Rachen der Angst, nicht weil Gott fern war, sondern weil er seit Okis Tod so erschreckend nah war."[19]
>
> "Nach der Beerdigung wich meine panische Angst. Es war mir, als hätte Oki sein Ziel erreicht, die Stätte, die Jesus ihm bereitet hatte."[20]

Liliane Giudice greift - wie während ihrer ganzen Trauer - auf biblische Texte zurück und findet im Wechselspiel von Zweifel und Vertrauen letzte Orientierung im Glauben an Gott. Jetzt, *nach* der Beerdigung, sieht sie das Ritual anders, es verhilft ihr zu einer neuen Sicht des Verlustes.

"Die Dinge überdauern"

> "Ob man 'seine' Dinge unangetastet lässt, und aus seinem Heim ein Mausoleum macht, von manchen belächelt, oder verbittert alle Spuren tilgt, oder nur einige Dinge wie einen Fetisch behält, es ist bei allen Trauenden doch nur der gleiche armselige Versuch, sein Leid weniger unerträglich zu machen, Was wir aber mit den Dingen tun, unterliegt nicht unserem Willen, es entscheidet sich in uns, und man muss es geschehen lassen."[21]

Liliane Giudice beschreibt hier die Möglichkeiten des Rituals "Umgang mit den Gegenständen des Verstorbenen".

"Die einsamen Mahlzeiten"

---

18 S. 25-26.

19 S. 27.

20 S. 30.

21 S. 33

"Als Verena entdeckte, dass ich mir angewöhnt hatte, an irgendeiner Tischkante einige Bissen hinunterzuwürgen, setzte sie mir einen kleinen runden Tisch ans Fenster, von wo ich die Baumwipfel sah. Später stellte ich abends die Tagesschau ein, um mich mit Bildern zu überlisten und jene Stelle zu übersehen, wo mir niemand gegenübersaß."[22]

Der Alltag muss neu gestaltet werden, gerade die kleinen alltäglichen Situationen. Das Alltagsritual muss in der Trauer neu gefunden werden.

Unsere Wohnung

"Eine Zeitlang glaubte ich, unser Heim, das Oki geliebt hatte, nicht mehr ertragen zu können; ich hasste die Wohnung ohne ihn ...
Ich blieb in unserer Wohnung, und seitdem ich nicht mehr auf der Flucht vor meiner Trauer bin, fühle ich mich darin geborgen, weil Oki sie geliebt hatte. Magie des Leides!"[23]

Zur rituellen Gestaltung der Trauer gehört der Umgang mit der Wohnung, die man mit dem Verstorbenen einst gemeinsam bewohnt hat.

Annehmen und verwandeln[24]

"Es bedarf der ganzen Gelassenheit meines Glaubens, um das, *was mir* an sich wirklich *das Herz bricht, anzunehmen* und zu versuchen, es in ein konstruktives Element *zu verwandeln*" (Teilhard de Chardin).

In diesem Zitat beschreibt Liliane Giudice treffend die Aufgabe, die der Trauernde zu erfüllen hat: das Leid annehmen und verwandeln.

Das Wort Tod

"Der Tote - ein Folterwort. Ich sagte - der Heimgegangene - und belog mich. An dem Tag, an dem ich das Wort Tod ohne Scheu aussprechen konnte, verlor es seine Brutalität und wurde für mich wirklich zu Okis Heimgang."[25]

Zu den Ritualen gehört auch der Umgang mit der Sprache. Der Wandel der Gefühle spiegelt sich im Wandel der Sprechweise.

---

22 S. 48.

23 S. 51.

24 S. 57

25 S.62

"Man könnte" - Wendepunkt, neu anfangen...

"Einmal kommt die Stelle, wo man neu anfangen könnte.
Man ist äußerlich frei, man könnte seinen Körper trainieren oder sich neu kleiden, könnte ein Geschäft eröffnen, sich an einer Universität immatrikulieren lassen, könnte ein Buch schreiben, sozial arbeiten - *man könnte, aber man tut es nicht.* Man ist frei und fühlt sich gebunden. Gebunden durch Gott? Gebunden durch den geliebten Heimgegangenen? Ein Vorgang ist an seinem *Wendepunkt,* was neu entsteht, braucht Zeit; *man sollte warten."*[26]

Das Verhalten der Trauernden wird von dem Zwiespalt (der Ambivalenz) zwischen Wollen und Können bestimmt.

"Ewigkeitssonntag"

"Am ersten Ewigkeitssonntag habe ich das Abendmahl in der Kirche vermisst, Ich hatte mich hierauf *vorbereitet* und war *enttäuscht.* Wir sind doch alle Gottes lebende Geschöpfe, die Heimgegangenen und wir, wenn auch jetzt .in getrennten Welten. Durch das Abendmahl werden wir zusammengeführt, und so bleibe ich mit Oki und allen verbunden.
'Ein Staat besteht aus den Lebenden und den Toten' (Winston Churchill). Ein gutes Wort! Es war mir bis jetzt nicht bewusst geworden, dass die Zahl der Toten, mit denen ich lebe, größer ist als die Zahl der Lebenden."[27]

Kirchgang ist ein Ritual, bei dem gesellschaftliches (hier: kirchliches) Angebot und individuelle Erwartung aufeinander treffen - und Enttäuschung oder Stärkung bewirken.

"Die Menschen mehr lieben"

"Seit Oki nicht mehr hier ist, kann ich die Menschen mehr lieben. *Ihn* liebe ich nicht weniger, aber er ist wie jemand, der verreist ist und nun nicht umsorgt zu werden braucht. Ich bin mit meiner Zeit und Kraft frei für andere."[28]

Die Zuwendung zu anderen Menschen kann ein hilfreiches Ritual werden[29]

Mit der Trauer leben

---

26 S. 67

27 S. 89

28 S. 88

29 vgl. S. Freud: Die libido wendet sich einem neuen Objekt zu.

"Goethe schrieb an Schiller nach dem Tode seines Kindes: 'Man weiß in solchen Fällen nicht, ob man besser tut, sich dem Schmerz natürlich zu überlassen, oder sich durch die Beihilfen, die uns die Kultur anbietet, zusammenzunehmen. Entschließt man sich zu dem letzten, wie ich es immer tue, so ist man dadurch nur für einen Augenblick gebessert, und ich habe bemerkt, dass die Natur durch andere Krisen immer wieder ihr Recht behauptet'.

Ich hatte die Wahl nicht, die Goethe hier stellt. In der ersten Zeit meiner Trauer hätte ich die 'Beihilfen der Kultur' nicht aufnehmen können auch wenn ich es gewollt hätte; ich konnte weder lesen noch Musik hören oder Bilder sehen.

...

Heute, da ich gelernt habe, mit meiner Trauer zu leben und die Trennung von Oki bewusst als Gottes Willen anzusprechen, heute bin ich dankbar für die 'Beihilfen der Kultur', die nun keine Ablenkung sind, sondern kleine Freuden auf meinem Weg zu Gott."[30]

In der Gestaltung des Alltags sind kulturelle Aktivitäten hilfreich, jedoch erst dann, wenn die Trauernden sich dem Leben in der Gesellschaft wieder mehr öffnen können.

Vorstellung vom Tod

"Für mich gibt es keinen Tod als hässliches Gerippe oder als schönen Knaben, es gibt für mich nur den toten Körper und das Hinübergehen des Geistes zu Gott.

Dieses Hinübergehen aber, dieses Geheimnis Gottes, das für den einen voller Licht und für den anderen voller Entsetzen ist ... wird kein Künstler je mit seinen Ausdrucksmitteln gestalten können. Man kann hingegen den Abschied darstellen, den Riss, die Trennung durch den Tod auf der Erde in allen Phasen der Verzweiflung, der Hoffnung, der Angst."[31].

Zum Ritual im weitesten Sinn gehören auch die Vorstellungen von Tod und Leben; diese finden in der darstellenden Kunst und in der Phantasie des einzelnen ihren Ausdruck.

"Er wird verdrängt"

---

30 S, 98 f

31 S. 104 f

"Irgendwann wird der Tote verdrängt. Mit der Zeit nimmt er immer weniger Platz ein; zuerst braucht man nur ein Fach und rückt seine Papiere ein wenig zur Seite, dann braucht man einen halben Schrank und hängt seine Kleider weg. Ich verdrängte dich, weil ich dir näher sein wollte, und es begann, als ich mich entschloss, in deinem Zimmer zu arbeiten."
(Es folgen viele kleine Schritte, das Zimmer für sich einzunehmen; RG).
"... Kein anderer Mann nimmt deinen Platz ein, aber du, Toter, wirst verdrängt."[32]

Liliane Giudice beschreibt detailliert ihr Ritual, wie sie die Wohnung als Alleinbewohnerin neu in Besitz nimmt.

Ich schließe mit einer Charakterisierung des Trauerprozesses:

"Die Wandlung"
"Die Trauer formt uns unter Qualen; sie hat ihre Zeit ...
... mir wurde bewusst, wie ich mich selber gewandelt hatte...
Der Schmerz hat an uns seine Arbeit getan.
Er hat uns verändert,
Er hat uns nicht zerstört.
Er hat uns stark gemacht.
Stärker im Leben und im Glauben.
Und heiterer."[33]

IV. Auf dem Weg zu einer Trauerkultur - alte und neue Rituale der Trauer

1. Zu den alten Ritualen

- Bestehende Rituale der Trauer sind zu überprüfen, ob sie den Menschen unserer Zeit angemessen sind.
- Bestehende Rituale sind zu pflegen - von den einzelnen Trauernden und von den Traueragenten.
  Hier denke ich an angemessene Beratung der Angehörigen zur Gestaltung der Trauertage bis zur Bestattung und zum Ritual der Trauerfeier. Aufgerufen sind

32 S. 105

33 S. 122

PfarrerInnen, BeerdigungsuntemehmerInnen, TrauerагentInnen. (Beispiel: Trauerfeier am Sarg oder an der Urne)

- Von Seiten der Kirche können konkrete Hilfe gegeben werden: bei Beerdigungen (einschließlich Besuch der PfarrerInnen im Trauerhaus), am Totensonntag, im Unterricht, durch nachgehende Seelsorge an Trauernden, Veranstaltungen der Erwachsenenbildung zum Thema, Trauerseminare.

2. Neue Wege des Umgangs mit Trauer

Jorgos Canacakis zeigt einige Wege auf, die dem einzelnen helfen, eigene Rituale zu entdecken und zu erproben. Es kommt m.E. darauf an, einer angemessenen Mischung von Kreativität (des einzelnen) und (von der Gesellschaft vorgegebenem) Ritual zu finden. Das Zusammenspiel beider Elemente zu beachten, ist für die Betroffenen wie für verständnisvolle BegleiterInnen wichtig:

Ich referiere einige "Wege des heilsamen Umgang mit Trauer" von Jorgos Canacakis[34], die man als "rituelle Handlungen" bezeichnen könnte, und anschließend zwei Rituale.

Jorgos Canacakis weist ausdrücklich darauf hin, dass er keine "Rezepte" erstellt, sondern dass lediglich die LeserInnen auf der Suche nach ihren eigenen, ihnen angemessenen Möglichkeiten, Trauer auszudrücken, unterstützen will[35].

Die ersten Angebote stammen offensichtlich aus dem Bereich der Bewegungs- und Leibtherapie. Sie sind für die eigenständigen rituellen Handlungen des Trauenden wie für das Handeln unter Begleitung eines Freundes oder eines Trauerfachmanns gedacht.

3. "Raum suchen"

Das erste Angebot hat den Raum zum Thema - hier ganz wörtlich-konkret auf das Zimmer des Trauenden bezogen.

Der Raum soll mit allen Sinnen wahrgenommen werden, mit Berühren, Sehen, Riechen, Schmecken, Durchschreiten ... Ziel ist: In diesem Raum soll sich der Trauernde in Ruhe und Geborgenheit mit seiner Trauer auseinandersetzen.

4. "Trauere immer mit anderen"

Trauer sollte möglichst nicht allein durchlebt werden. "Du brauchst jetzt jemanden bei dir, weil du jemanden verloren hast"[36].

---

34 S. 47 ff

35 S, 47

Der solidarische Begleiter sollte Kenntnisse und Fähigkeiten im Blick auf das helfende Gespräch haben.

5. "Dem Körper 'Spüraugenblicke' widmen"
Dieses Angebot zielt auf die Selbstwahrnehmung beim Atmen und Spüren des Körpers, vergleichbar dem "Gang durch den Körper" bei Entspannungsübungen oder Yoga.

Dem Erleben soll anschließend Ausdruck gegeben werden, z.B. durch Malen, Zeichnen, Schreiben, Musizieren ...

6. "Sprich über das Ereignis"
Der Trauernde wird aufgefordert, über das Ereignis sehr genau zu berichten. Beim Erzählen wird er zu seinen Gefühlen finden - ein verständnisvoll zuhörender, innerlich mitgehender und hin und wieder anregender Begleiter ist hier besonders hilfreich. - Ein Aufschreiben und nochmaliges Vorlesen hilft klären.

7. "Der Boden trägt dich"
Da viele Trauernde nach einem Verlust von einem Gefühle reden, "nicht mehr auf eigenen Beinen stehen zu können, den Boden unter den Füßen zu verlieren, in ein tiefes Loch zu fallen...", schlägt Jorgos Canacakis eine Übung zum Spüren der Füße und des Bodens, zum Finden des eigenen Stehvermögens vor. Es geht um ein leibhaftes Erfahren von "Bodenständigkeit" - d.h. um Wiedergewinnung von Vertrauen (Urvertrauen im Sinne E.Eriksons). "Du kannst deinen schmerzvollen Gang durch die Trauer auf solch einem guten, festen Boden sicherer, erträglicher und mit weniger Angst durchleben".[37]

Schon die Sprache, die Worte, machen deutlich, wie das rituelle Handeln auf zwei Ebenen verläuft - auf der körperlichen und auf der emotional-geistigen Ebene. Ausgang des symbolischen Erlebens ist immer die sinnliche Wahrnehmung.

8. "Abschied nehmen von Angesicht zu Angesicht"
Nach einer Entspannungs- und Konzentrationsübung lässt der Trauernde einen Film der vergangenen Ereignisse ablaufen oder er wählt bewusst *ein* (inneres) Bild aus. Er stellt einen Stuhl vor sich auf und lässt (in der Phantasie) die Person

---

36 S. 95 f

37 S, 55.

darauf Platz nehmen. Er berichtet, wie es ihm geht, beschreibt alle Empfindungen, Gedanken und Körpergefühle (gerade auch: Bedrückendes und Unangenehmes, Schuldgefühle und Selbstanklagen, aber auch: das Gute und Schöne); wenn dies nicht gelingt, gilt es diese Unmöglichkeit (Abwehrmechanismen!) wahrzunehmen, und sich - in Ruhe - einen anderen Weg zu suchen.

Das Erlebte kann in Worten und Bewegungen, in Malen und Aufschreiben ausgedrückt werden.

9. Ritual: "Wir nehmen Abschied"

Wenn die Wege des Trauerns beschritten sind und Klärung eingetreten ist, ist die Phase des Abschieds gekommen.

Der Raum wird feierlich hergerichtet (Kerze, Blumen, Geruch, leise Musik, schöne Kleidung...

Auf einem Zettel in Postkartengrüße wird stichwortartig aufgeschrieben, wovon der Trauernde Abschied nehmen will, was ihn gerade bewegt. Nach einem ruhigen Blick in die Kerze sagt er dann, dass er für den Abschied bereit ist. Das Ritual beginnt

Der Trauernde liest laut vor, was er aufgeschrieben hat, der Begleiter hört und bestätigt. Dann wird die Karte den Flammen auf einer feuerfesten Schale übergeben.

Dabei können folgende Vorstellungen und Gedanken da sein:

- Die Flammen reinigen die Gefühle, lassen das Bedrohliche verrauchen, verwandeln es in gute Erinnerung.
- Die Asche kann der Erde (Mutter Erde, Schöpfung) zurückgegeben werden, z.B. wird sie einem Fluss oder dem Wind übergeben (sie geht nicht verloren!).
- Danach "weiß" der Trauernde, dass er sich verabschiedet hat, zugleich hofft er, dass die Lebenskraft nicht verloren geht. Er weiß: Die verabschiedete Person kann nicht mehr in der alten, vertrauten Form gegenwärtig sein[38].
- Hinterher kann sich das Gefühl einstellen, dass alles zu einem guten Ende geführt worden ist, Entlastung und Befreiung kehrt ein.
- Wenn Freunde mit dabei sind, spürt der Trauernde die Kraft der Solidargemeinschaft.

10. Ritual: "Versöhnungsreisen in vergessene Trauertiefen"

---

[38] (vgl. Jesus zu den Jüngern: Wo ich hingehe, da könnt ihr nicht hinkommen; Jh 13,33. Zu Maria Magdalena am Ostermorgen: Rühre mich nicht an! Jh 20,17.)

Mit dieser Übung will Jorgos Canacakis "auf die alte, verdrängte, zurückgehaltene, immer größer und permanent giftiger werdende Trauer heilsam einwirken"[39]. Eine Vertrauensperson soll den Trauernden dabei begleiten.

Der Raum wird gestaltet: ruhig, störungsfrei (für mindestens eine Stunde), Stühle oder Matratzen, Blumen, Düfte, Klangschale oder Gong, Kerze, ruhige Musik.

"Der Trauernde kommt zu Ruhe und Konzentration, nimmt sich und seine Umgebung wahr. In seiner Phantasie geht der Trauernde in die Klänge hinein, und stellt sich vor, in seinen Körper einzutreten, wie in einen Raum (es ist also eine Phantasiereise in den eigenen Körper). Mit einem Licht in der Hand durchwandert er Gänge und Räume. Immer auf der Suche nach "Traueraufbewahrungsorten"[40]. Wenn er Trauer entdeckt, tritt er in einen Dialog mit ihr ein. Ziel ist: Verstehen und Aussöhnen. Z.B.:
– Im Keller liegen Massen schwarzer Trauer, die sich anfängt zu bewegen,
– anderenorts ist eine vereiste Landschaft, die zu tauen beginnt,
– oder eine überwindliche Mauer, die durchlässig wird,
– oder eine überflutete Region (Trauersee), die Abflusskanäle erhält.

Hilfe bei diesen Dialogen kann die Klangschale sein, deren Töne die Phantasiereise an schwierigen Orten wieder in Gang bringen (z.B.: vor der Mauer).

Der Weg endet, indem der Trauernde wieder nach außen geht, d.h. aus der Phantasie in die Wirklichkeit. Er richtet sich auf (Stehen) und kommt in Bewegung (Gehen).

Die Übung ist in längeren Zeitabständen auch wiederholbar. Bei Schwierigkeiten sollte ein Fachmann hinzugezogen werden.

11. Weitere Rituale

In seinem Buch "Ich sehe deine Tränen" beschreibt Jorgos Canacakis weitere Möglichkeiten, Trauer in Ritualen zum Ausdruck zu bringen. Eindrücklich sind die Erfahrungen, die die Teilnehmenden gerade bei den Ritualen in den Trauerseminaren machen[41].

Einige Beispiele: Tanzen, Wasser trinken,

---

39 S. 77.

40 S. 79.

41 S. 154 ff.

V. Wegweisung

In "wegbegleitenden Sätzen" fasst Jorgos Canacakis die Aufgaben und Chancen des Wegs durch die Trauer zusammen. Ich zitiere sie, weil sie auch Inhalt und Ziel der *Rituale der Trauer* beschreiben:

"Wegbegleitende Sätze"[42]

- Die Wiederaneignung deiner Trauerfähigkeit ist eine lebenswichtige Aufgabe für dich.
- Zurück ins Leben findest du erst im Durchleben der Trauer.
- Hoffnung kann erst nach der Trauer kommen.
  Trauere und klage, bis du dich leer fühlst. Du kannst diesen Platz dann mit Lebendigkeit füllen,
- Nicht trauern wollen bedeutet nicht fühlen können.
- Gefühllosigkeit der Trauer vorzuziehen bedeutet aktive Gesundheitshemmung zu betreiben.
- Trauer kann in ihrem Fließen am besten in einem Netz von Beziehungen unterstützt werden.
- Tränen sind Heilsalbe für die Wunden des Verlustes.
- Natürliche Trauer verlangt nach außen geweinte Tränen.
- Wenn du seit langem, vielleicht seit deiner Kindheit nicht mehr weinen kannst, können neu gewonnene Tränen Tau und fruchtbarer Regen für deine vom Austrocknen bedrohte Seele sein,
- Wenn du das Verlorene mit der Trauer in deinem Herzen begräbst, missbrauchst du es. Es taugt nicht als Grab. Erst wenn du das Tote dem irdischen Mutterschoß zurückgegeben hast, ist dein Herz offen für schöne Erinnerungen, die dich erfreuen und dir Kraft geben können.
- Gereinigt von alter Trauer, kannst du wieder den Lebensquell spüren lernen.
- Trauer ist eine leidvolle Erfahrung und Quelle von tiefem Schmerz. Wenn wir zu ihren tiefsten Wurzeln finden, werden wir eine Quelle entdecken, die mit ihrer kreativen Lebensenergie die Trauenden versorgen kann.

42 S. 81 f.

"Trauer als Lebenswurzel (frei nach Jeremia)"[43]

Wenn du der Trauer tiefste Wurzel findest,
wirst du wie ein Baum sein
der nah am Wasser gepflanzt ist
und nach dem Bach
die Wurzeln ausstreckt.

Du hast nichts zu fürchten,
wenn das Wasser im Sturm über die Ufer tritt.
Du hast nichts zu befürchten,
wenn die Hitze kommt.

Deine Blätter bleiben grün,
auch in Zeiten der Dürre
kann es dir nicht bangen.
Du hörst nicht auf,
Früchte zu tragen.

Du bist mit deinen Wurzeln
fest verbunden.

RG: Für Christen ist der Trauer tiefste Wurzel GOTT (Jeremia 17,7): "Gesegnet ist der Mensch, der sich auf GOTT verlässt".

VI Literatur

Zu Rituale:

- Grün, Anselm. Geborgenheit finden - Rituale feiern: Wege zu mehr Lebensfreude. Stuttgart: Kreuz-Verlag, 1997.
- Rotzetter, Anton. Beseeltes Leben, Briefe zur Spiritualität. Freiburg: Herder, 1986.
- Rotzetter, Anton. Franz von Assisi: Erinnerung und Leidenschaft. Freiburg: Herder, 1989.

43 S. 82 f.

- Saint-Exupiry, Antoine de. Der Kleine Prinz. Düsseldorf. Rauch, (franz. 1946) 1956, 1986, 43.A.
- Stutz, Pierre. Alltagsrituale: Wege zur inneren Quelle. München: Kösel, 1998.

Zu Trauer
- Canacakis, Jorgos. Ich sehe deine Tränen: Trauern, Klagen, Leben können. Stuttgart: Kreuz, 1987, 1991 5.A
- Canacakis, Jorgos. Ich begleite dich durch deine Trauer. Stuttgart: Kreuz, 1990, 1991 2.A.
- Gennep, Arnold van. Übergangsriten: Les rites de passage. Frankfurt: Campus u.a., 1986 (deutsche Übersetzung der franz. Ausgabe 1981).
- Giudice, Liliane. Ohne meinen Mann: Aufzeichnungen einer Witwe. Stuttgart: Kreuz, 1970, 1988 10. A.
- Kast, Verena. Trauern: Phasen und Chancen des psychischen Prozesses. Stuttgart: Kreuz, 1982.
- Schullerus-Keßler, Susanne; Jonas, Siegmar. Wo meine Füße Wege finden: Bilder und Texte als Begleiter in Trauer. Wuppertal: Brockhaus, 1997.
- Spiegel, Jorick-, Der Prozeß des Trauerns: Analyse und Beratung. München: Kaiser, 1973. (Textband und Anmerkungsband).

Michael Heymel

Trauermusik – Musik für Trauernde

Thesen zum Umgang mit Musik in der Trauerbegleitung[1]

Wie Musik zur Trauer ist eine Rede zur falschen Zeit.
Jesus Sirach 22,6

Weinen hat seine Zeit, lachen hat seine Zeit;
klagen hat seine Zeit, tanzen hat seine Zeit.
Prediger Salomo 3,4

1. Menschen, die trauern, empfinden Musik dabei leicht als unangemessen. Sie haben ein besonders ausgeprägtes Empfinden dafür, ob Musik zu ihrem seelischen Befinden passt oder nicht. Vielleicht ist ihnen überhaupt nicht nach Musik zu Mute, wenn sie trauern. Es kann aber auch sein, dass sie in ihrer Trauer eine bestimmte Art von Musik oder ein bestimmtes Musikstück hören wollen, z.B. weil sie es in der Erinnerung mit derjenigen Person assoziieren, um die sie trauern.

2. Für einen Menschen in tiefer Trauer erklingt jede laute, banale, oberflächlich "lustige" Musik ganz sicher zur falschen Zeit. Solche Musik ist für den Trauernden in seinem Seelenzustand einfach beleidigend, ein Ärgernis und eine Quälerei (siehe Darstellungen von Hiob und den Musikanten als Spöttern [Heymel 1999, 101ff. 177]). Es muss also seelsorglich darauf geachtet werden, wann ein Trauernder so weit gekommen ist, dass er Musik seiner Wahl hören möchte. Der *richtige Zeitpunkt*, die geeignete Situation müssen abgewartet werden. Trauer ist allemal ein zeitlicher Prozess. Wenn es bei Jesus Sirach heißt, die Trauer währe sieben Tage (Sir 22,12), ist damit wohl nur die erste Trauerwoche (*schiwáh*) gemeint. In dieser Zeit wie auch in den

---

1 „Wenn Tränen ineinander fließen ..." Trauern und Trösten in der hospizlichen Arbeit. Ev. Akademie Arnoldshain. Überarbeitete Fassung eines Vortrags vom 17. Februar 2001. Ich danke Nóra Emödy für ihre Hilfe bei der Auswahl von Musikbeispielen für Trauernde, Felizitas Muntanjohl für ihre Hinweise, wie man seelsorglich mit Kirchenliedern umgehen kann, und den Teilnehmerinnen und Teilnehmern des Gesprächskreises in Arnoldshain für ihre weiterführenden Anregungen.

folgenden 30 Tagen (*sch^e^loschím*) soll man nach jüdischem Brauch auf Musik und Unterhaltung verzichten (Ydit, 124f.).

3. Der Vergleich zwischen Musik und Rede macht darauf aufmerksam, dass es für beides eine Zeit zum Hören gibt, dass hier wie dort die Seele eines Menschen, die ihren eigenen Rhythmus hat, für das zu Hörende erst einmal aufnahmebereit sein muss. Wenn bei einem fröhlichen Gastmahl Lieder gesungen werden, ist auch nicht Zeit für kluge Reden (Sir 32,4). Das heißt: die Lebenssituation will beachtet sein. Nach ihr hat man sich zu richten. Man hat sich darauf einzustellen, ob in dieser Situation Musik angemessen ist, und wenn ja, welche Art von Musik. Wie der Weise bis zur rechten Zeit schweigt (Sir 20,7), um erst dann, der Situation angemessen, zu reden, so erfordert auch der Umgang mit Musik eine besondere Weisheit: nämlich die Fähigkeit, abzuwarten, bis der richtige Zeitpunkt gekommen ist, Musik erklingen zu lassen, und dafür solche Musik auszuwählen, die der jeweiligen Lebenssituation entspricht.

4. Es könnte sein, dass die Vorliebe vieler Menschen für triviale Unterhaltungsmusik, die man ohne Mühe "nebenbei" hören kann (ohne ihr wirklich zuzuhören), damit zu tun hat, dass sie ihren Alltag ebenfalls als trivial erleben. Dann wäre die Musik dazu passend. Die Frage ist allerdings zu stellen, ob solche Unterhaltungsmusik es einem wirklich erleichtert, den trivialen Alltag zu bewältigen, oder ob sie nicht eher eine abstumpfende Wirkung hat, also als Sedativum wirkt. Wenn Musik so auf Trauernde wirkt, ist sie als Seelsorge ungeeignet (vgl. Heymel 2000, 301, und These 2).

5. Als christliches Leitwort für den seelsorglichen Umgang mit Musik in Trauerfällen kann Röm 12,21 gelten: "Freuet euch mit den Fröhlichen und weinet mit den Weinenden." Das erfordert, für den Trauernden eine Musik erklingen zu lassen, die erst einmal mit ihm klagt bzw. seiner Klage Raum gibt, um ihn dann auf einen Weg zu bringen, auf dem er Trost, d.h. ein Aufatmen und Ruhe für seine Seele finden und sich wieder freuen kann. Es kann also angezeigt sein, die quälenden Warum-Fragen und Widersprüche, die sich einem leidenden Menschen aufdrängen, mit dissonanten Klängen aufzunehmen und musikalisch auszudrücken. Sie sofort mit 'fröhlicher' Musik zu übertönen und in eine allem Leid, Geschrei und Schmerz enthobene 'harmonische' Klangwelt einzutauchen (wie es ein großes Angebot von Tonaufnahmen meditativer Musik auf CD und Hörcassette nahelegt), ist eine

Flucht vor der Realität. Hier geschieht ein seelsorglich fragwürdiges Ausweichen und Vertrösten, bei dem das Gewicht der Trauer, die Erfahrung von Verlust und Trennung nicht ernst genommen wird.

6. Eine christliche Seelsorge, die sich am Kreuz Christi orientiert, darf Leidenserfahrungen nicht verdrängen oder einfach verschweigen. Sie ist gerade in Trauerfällen auf eine Musik angewiesen, die Leiden beredt macht und Schmerzen in Klänge übersetzt. Erst auf der Spur des Gekreuzigten findet sich auch ein Weg zur Freude, auf dem der Trauernde nicht beschwichtigt, sondern durch das Leiden hindurch geführt wird (vgl. dazu das Lied *In dir ist Freude in allem Leide* [Cyriakus Schneegass 1598, EG 398,1]).

7. Mit Trauer reagiert, wer einen geliebten Menschen verliert oder verloren hat. Wir nehmen Abschied von dem, was wir verloren haben, indem wir um das Verlorene trauern. Dies ist ein langsamer, unter Umständen sehr schmerzlicher *Prozess*, den jeder Mensch auf seine eigene Weise erlebt. Und es ist *Arbeit*, sich von einem geliebten Menschen zu verabschieden und den Verlust anzunehmen. Jeder Einzelne kann dafür unterschiedlich viel Zeit benötigen. Man unterscheidet gewöhnlich vier Phasen der Trauerverarbeitung:

   1. Nicht-Wahrhaben-Wollen: Schock und Verleugnung;
   2. aufbrechende Gefühle;
   3. langsame Neuorientierung: Suchen und Sich-Trennen;
   4. neues inneres Gleichgewicht: neuer Selbst- und Weltbezug.

   Die "Trauerarbeit" (Sigmund Freud) besteht darin, den Verlust zu realisieren und die Verbindung zum Verlorenen zu lösen, um schließlich für eine Neuorientierung freizuwerden. Da die individuelle Trauer ihren eigenen Verlauf hat, sollte das Phasenmodell nur mit großer Vorsicht angewendet werden.

8. Es gibt aber auch die Traurigkeit als Grundgefühl, als eine *Stimmung*, die insgesamt bestimmt, wie das Leben wahrgenommen wird. Ich zitiere aus einem Interview mit dem Filmschauspieler und Regisseur Robert Redford:

   - Sie selbst haben mal gesagt: "Das Leben an sich ist traurig und diese Traurigkeit prägt auch meine Arbeit." Sind Sie ein Melancholiker?

- Nein, aber ich umarme die Traurigkeit. Die Widersprüche sind Teil des Lebens. Für mich besteht das Leben nicht nur aus Schwarz und Weiß, sondern aus ganz viel Grau. Davon handeln viele meiner Filme, von dem Grau. Widersprüchliches Verhalten ist für mich etwas Natürliches. Traurigkeit ist ein Pendant zu Fröhlichkeit. Wir wollen alle gerne happy sein. Aber wir würden das Glück gar nicht wertschätzen können, wenn wir nicht wüssten, was Traurigkeit ist. Der Kontrast gibt dem Ganzen einen Sinn.

9. Dazu zwei Beispiele aus dem Neuen Testament: Jesus sagt seinen Jüngern zum Abschied: "Ihr habt nun Traurigkeit; aber ich will euch wiedersehen, und euer Herz soll sich freuen, und eure Freude soll niemand von euch nehmen" (Joh 16,22). Dort, wo er von seiner Beziehung zum Volk Israel spricht, gesteht der Apostel Paulus, er habe "große Traurigkeit"(Röm 9,2) in seinem Herzen. Beide Male steht im griechischen Urtext das Wort *l_pe* – Traurigkeit, Trübsal, Kummer, Seelenschmerz.

10. Traurigkeit bezeichnet im Unterschied zur Trauer als Prozess ein andauerndes und vorherrschendes Grundgefühl. Alles erscheint einem traurig, das Leben besteht aus viel Grau. Die Mönchsschriftsteller der Alten Kirche haben die Traurigkeit (*tristitia*) als eine Hauptsünde betrachtet (Johannes Cassianus, Collationes V,2): der Traurige hänge an unerfüllten Wünschen und bemitleide sich selbst (Evagrius Ponticus, Praktikos 10 und 19). Traurigkeit wurzelt nicht in einer Verlusterfahrung, sondern im *Festhalten an der Vergangenheit und unerfüllten Wünschen*. Trauer kann man verarbeiten und, indem man sie durchlebt, irgendwann überwinden. Aus Traurigkeit oder Trübsal kann man sich dagegen nur lösen, wenn man sich der gegenwärtigen Wirklichkeit stellt. Ein Erlebnis oder eine Begegnung, die ein kontrastierendes Grundgefühl - Freude, Fröhlichkeit - hervorruft, bringt Farbe ins Leben des Traurigen, jedoch nur vorübergehend, nicht auf Dauer.

11. Wer in Traurigkeit versunken ist, braucht keine Musik, die Trauer ausdrückt, sondern eine Musik, die zur Auseinandersetzung mit der gegenwärtigen Wirklichkeit motiviert. Nicht Trost ist hier gefragt, sondern eine *Konfrontation*, die dazu herausfordert, sich den aktuellen Aufgaben hier und jetzt zu stellen. Der Auferstandene ruft seine traurigen Jünger aus der Vergangenheit in die Gegenwart, Paulus muss sich der Realität des jüdischen Nein zum Evangelium stellen.

12. Wer oder was kann trauernde Menschen trösten? Das ist die entscheidende Frage, um die seelsorgliche Trauerbegleitung kreist. Gewöhnlich wird unter Trost eine beruhigende Zuwendung verstanden. Nach christlichem Verständnis ist Trösten ein Beziehungsgeschehen, das dem Menschen *von außen* widerfährt. Trost bedeutet nicht einfach Besänftigung oder Beschwichtigung, sondern *Ermutigung von Grund auf.* In diesem Sinn gibt das Evangelium Trost: es gewährt Mut und Widerstandskraft in widerwärtigen Lebenssituationen, indem es gegen den Augenschein und das, was den Menschen im Innersten beschwert, aufdeckt, worauf unbedingt Verlass ist und woran man sich halten kann. Das Evangelium verweist auf den, der unbedingt zum Menschen hält, ihn hält und nicht aufgibt in Bedrängnis und Trübsal. ER hat einen Namen und ein Gesicht: es ist Gott, der Vater Jesu Christi, der sich als der Vater der Barmherzigkeit und Gott allen Trostes erweist (2.Kor 1,3-4).

13. Die Grundaufgabe der Seelsorge besteht darin, diesen Trost des Evangeliums zu vermitteln. Das ist *seelsorgliche Glaubenshilfe*, die nicht nur dem Trauernden bei seiner Trauerarbeit beisteht, sondern ihm hilft, über sich selbst hinauszukommen und den Verstorbenen in Relation zu Christus zu sehen (vgl. Tacke, 255). Solche Glaubenshilfe kann nur überzeugend geschehen, wenn der Seelsorger oder die Seelsorgerin dem oder der Trauernden liebevoll zugewandt begegnet. "Ohne die Echtheit der liebenden Zuwendung gibt es keine tiefere Wirkung in der Seelsorge"(Schütz, 152).

14. Aus diesen Überlegungen ergibt sich, dass Musik in jeder personalen Beziehung bedeutsam wird, in der es um Mitteilung des Evangeliums geht. Denn das Evangelium ist ein *Klangereignis*, eine Botschaft, die so erklingen soll, dass alle Kreatur davon bewegt wird (Mk 16,15; Kol 1,23). Um den Trost des Evangeliums erfahrbar zu machen, braucht es Möglichkeiten einer *Verkündigung in Klängen*, d.h. der Musik. Das gilt auch für die seelsorgliche Beziehung zu Trauernden. In der Trauerbegleitung kann Musik eine große Hilfe sein, weil sie wie kaum ein anderes Medium beides zugleich kann: "Trauer zum Ausdruck bringen und Trost geben" (Leube / Dalferth / Krokenberger, 15). "Selten weinen Menschen bei Predigten, oft aber wenn die Musik ihre Schmerzen löst und ihnen die Tränen erlaubt" (Steffensky, 297).

15. Zunächst ist es wichtig, dass Musik Trauer *ausdrücken* und darstellen kann. Gerade in der (zweiten) Phase der aufbrechenden Emotionen kann Musikhören eine Hilfe sein. Und durch kreatives Musizieren ist es möglich, einen ganzheitlichen Zugang zur Trauer zu finden (Specht-Tomann / Tropper, 217). Die geeignete Musik zur richtigen Zeit ermöglicht dem Trauernden, mit seinen widersprüchlichen Gefühlen in Berührung zu kommen und sich mit seinen widersprüchlichen Gedanken auseinanderzusetzen. Musik sollte nicht das Ausweichen vor der Trauer fördern, mithin vertrösten, statt zu trösten. Trauer ausdrücken heißt: der Klage Raum geben (vgl. These 5; Heymel 1999, 125ff.), Widerspruch und Auflehnung zulassen. Sofern das geschieht, kann Musik auch Trost geben.

16. *Trösten* kann Musik in dem Maße, wie sie dem Trauernden das Ohr für eine trans-zendente Wirklichkeit öffnet und ihn gleichsam in eine andere Welt versetzt. Die Musik vermag dies wie kein anderes Medium, weil sie eine *Zeitkunst* ist. Indem sie in der Zeit eine Ordnung von Tönen, Klängen und Rhythmen entfaltet, *transzendiert sie, was ist.* So kann sie auf geordnete Weise zur Trauerarbeit, d.h. zum Durchleben der Trauer bewegen und entweder allein durch die Bewegung der Töne oder durch die Verbindung von Wort und Klang einen Raum eröffnen, in dem der Trauernde erfährt, dass es etwas gibt, worauf unbedingt Verlaß ist, woran man sich halten kann.

17. Musik in der Trauerbegleitung sollte in einem weiten Horizont wahrgenommen und nicht von vornherein auf Kirchenmusik oder Musik einer bestimmten Richtung begrenzt werden. Dies erscheint nicht nur deswegen geboten, weil viele Trauernde in ihrem Leben keinen Zugang zur christlichen Botschaft gefunden haben und ihre Trauer nicht als Gelegenheit zur Evangelisation ausgenutzt werden sollte. Vielmehr kommt es in der Seelsorge darauf an, den Trost des Evangeliums zu bezeugen und zugleich darauf zu vertrauen, dass *viele Arten von Musik zu einem "Organ des Heiligen Geistes"* (Martin Luther, WA 50, 371) *werden können*, das Türen der Seele öffnet und Menschen zu einem aufmerksamen Hören bewegt.

18. Die praktischen Fragen, *wann* Musik für einen Trauernden hilfreich und tröstend sein kann, *welche Musik* und *welche Weise ihrer Vermittlung* sich dazu am besten eignet, lassen sich nur überzeugend beantworten, wenn verschiedene Faktoren des individuellen Musikerlebens und der individuellen Trauerverarbeitung berücksichtigt werden. Es gibt hier wie überhaupt in der

Seelsorge keine 'musikalische Hausapotheke', aus der man Trauermusik nach Rezept verschreiben könnte.

19. Bei der Begleitung von Trauernden geht es ähnlich wie bei der Gestaltung einer kirchlichen Trauerfeier einmal (1) darum, den *Trost des Evangeliums* zu vermitteln. Es gilt, vokale und instrumentale Musikstücke auszuwählen, die der Verkündigung des Evangeliums dienen oder sich zumindest in sie einbeziehen lassen. Zum anderen (2) wird man sich bemühen, solche Musik zu finden, die den *Einzelnen in seinem Trauerprozess* persönlich berührt und anspricht. Sie soll ihn möglichst aus der Erstarrung befreien und ihm helfen, sich neu zu orientieren und sein inneres Gleichgewicht zu finden. Beide Gesichtspunkte - die *Botschaft*, die durch die Musik erklingt, und die *therapeutische Wirkung* der Musik auf den Einzelnen - müssen in der musikalischen Seelsorge für Trauernde stets zusammen gesehen und bedacht werden.

20. Es gibt eine sehr intensive Form der Zuwendung, die beides miteinander verbindet. Sie besteht darin, für einen trauernden Menschen oder mit ihm *ein Lied zu singen* oder einfach *die Melodie eines Liedes für ihn zu summen*. Auch hier ist je nach Situation und Befinden des Trauernden sowie dem Charakter der Beziehung zu entscheiden, welches Lied man singt. Es muss kein Kirchenlied sein, sollte aber einen Raum eröffnen, in dem man aufatmen und zur Ruhe kommen kann. Diese Möglichkeit hängt weniger von Vorzügen der eigenen Stimme oder Gesangskunst ab als vielmehr davon, ob man mit dem Herzen dabei ist und es wagt, seine Person so zu enthüllen wie es im Singen geschieht.

21. Eine wichtige Rolle spielt die *Umgebung*, in der Musik gehört oder musiziert wird. Sie bestimmt zu einem Großteil mit, wie Musik auf einen Menschen wirkt. Es kann für einen Trauernden eine tröstliche Geste sein, wenn er zu einem Konzert eingeladen wird, es kann aber auch hilfreich für ihn sein, im Kontext eines Rituals Psalmen als Klagegesänge zu singen, sofern sie in seine geistige Welt passen (vgl. Specht-Tomann / Tropper, 222 und 228).

22. Im folgenden nenne ich einige Beispiele für Musik, die sowohl in Bezug auf ihre Botschaft wie in therapeutischer Hinsicht besondere Qualitäten aufweisen:

- Psalmengesang und Kirchenlieder (z.B. Befiehl du deine Wege; Nun bitten wir den Heiligen Geist; Taizé-Lieder wie Meine Hoffnung und meine Freude)
- Geistliche Chorstücke, Kantaten, Passionen (z.B. Tallis, Schütz, Bach u.a.)
- Vertonungen der Messe und des Requiems
- Choralvorspiele für Orgel (unter Umständen aber auch Bearbeitungen der Bach'schen Vorspiele von Busoni für Klavier)
- Spirituals und Gospels (z.B. Nobody Knows The Trouble I've Seen oder Sometimes I Feel Like A Motherless Child).

23. Zu berücksichtigen sind aber auch Musikbeispiele, die aufgrund ihrer immanenten Qualitäten (Text, Struktur) oder ihrer kontextuellen Bezüge (ihrer geistigen Welt im weitesten Sinne) für Deutungen im Horizont des Glaubens offen sind und daher ebenfalls in der Seelsorge, speziell der Trauerbegleitung, herangezogen werden können:

- Trauermusik (Lamenti, Nänien [Trauergesänge], Threnodien [Begräbnisgesänge], Tombeaux [Kammermusik zum Begräbnis], Trauerkantaten, Trauermärsche, Trauersymphonik)
- Langsame Kammermusik oder Orchesterstücke in Dur-Tonarten (z.B. Beethoven, Cellosonate D-Dur, 2.Satz; Schubert, Streichquintett C-Dur D 956; das *Air* aus Bachs Orchestersuite Nr.3 BWV 1068)
- Klezmermusik (urspr. Festmusik der jiddischsprachigen Juden Osteuropas)
- Kunstlieder, Volkslieder und Popsongs zu den Themen Abschied, Verlust, Tod (z.B. Schubert, *Winterreise* D 911; *Im Abendrot* D 799; Eric Claptons *Tears in Heaven*).

Literatur

- Werner Braun / Jürgen Hubkemöller, Art. Trauermusik, in: MGG^2 Bd.9, Kassel u.a. 1998, Sp.749-769.
- "Die wollten mich fertig machen“. Gespräch mit Robert Redford, in: Frankfurter Rundschau. Magazin Nr.5 vom 3.2.2001, 4f.
- Michael Heymel, Trost für Hiob. Musikalische Seelsorge, München 1999.

- Ders., Seelsorge mit Musik, in: Musik und Kirche 70 (2000), 289-302.
- Bernhard Leube / Winfried Dalferth / Bettina Krokenberger, Singen und Musizieren bei der Bestattung, in: Forum Kirchenmusik 1/2001, 14-19.
- Musik zur Trauer. Themenheft mit Beiträgen von Fulbert Steffensky, Klaus J.Seidel, Eberhard Hauschildt, Martin Bartsch und Gunter Kennel. Musik und Kirche 69 (1999), 294ff. [Die Beiträge beziehen sich allerdings primär auf Musik im Rahmen kirchlicher Trauerfeiern.]
- Werner Schütz, Seelsorge, Gütersloh 1977.
- Monika Specht-Tomann / Doris Tropper, Zeit des Abschieds. Sterbe- und Trauerbegleitung, Düsseldorf [3]2000, 172ff.
- Ulrike Wagner-Rau, Art. Trauer, in: EKL[3] Bd.4, Göttingen 1996, Sp.943-945.
- Helmut Tacke, Glaubenshilfe als Lebenshilfe. Probleme und Chancen heutiger Seelsorge, Neukirchen [2]1979, 249-261.
- Meir Ydit, Kurze Judentumskunde, Neustadt 1984.

Ausgewählte Musik für Trauernde auf CD und MC

Wer die hier aufgeführten Musikaufnahmen als "Musik zur Trauer" für sich selbst oder für andere verwenden möchte, sollte dabei die oben erläuterten Kriterien musikalischer Seelsorge beachten. Dies ist keine repräsentative Auswahl! Sie kann nur zeigen, welche Arten von Musik von trauernden Menschen schon als hilfreich erfahren wurden, und zu einer individuell abgestimmten Auswahl anregen.

1. Psalmengesang und Kirchenlieder
   - Ein Mensch ringt mit Gott. Gregorianische Gesänge und Texte aus dem Buch Hiob. Gert Westphal, Die Singphoniker, Leitung: Godehard Joppich. Vier-Türme Verlag Münsterschwarzach 1999, 2 CD, VT 502
   - Hoffnung kann das Herz erquicken. Lieder, die nicht veralten. Hessische Kantorei, Leitung: Christa Reich. Tonstudio Mauermann Ostfildern 1994 [CD und MC zu beziehen bei: Christa Reich, Martin-Luther-Str.11, 61118 Bad Vilbel]
   - Saiten Weisen. Lieder und Sätze aus dem Gitarrenbuch zum Evangelischen Gesangbuch. Strube-Verlag München 1997, Edition CD 7051

2. Geistliche Chorstücke
    - Thomas Tallis, Lamentations, Motets, String Music. Theatre of Voices, Leitung: Paul Hillier, The King's Noyse, Leitung: David Douglass. Harmonia Mundi 1995, HMU 907154

3. Vertonungen der Messe und des Requiems
    - Johann Sebastian Bach, Messe h-Moll BWV 232. Arleen Augér, Julia Hamari, Adalbert Kraus, Wolfgang Schöne, Siegmund Nimsgern, Gächinger Kantorei, Bach Collegium Stuttgart, Dirigent Helmuth Rilling. Zuerst CBS 1977, Sony 1989, Sony Class Maestro
    - Anton Bruckner, Messe Nr.3 f-Moll. Margaret Price, Doris Soffel, Peter Straka, Matthias Hölle, Philharmonischer Chor München, Münchner Philharmoniker, Dirigent: Sergiu Celibidache. EMI Classics 1998, EMI 7243 5 56702 2 9 [besonders: Benedictus]
    - Johannes Brahms, Ein deutsches Requiem. Elisabeth Schwarzkopf, Dietrich Fischer-Dieskau, Philharmonia Chor und Orchester London, Dirigent: Otto Klemperer. EMI Records 1962, EMI 7243 5 66903 2 5

4. Spirituals und Gospels
    - A Portrait of Gospel. Music Collection International 1997, 2 CD, Gale 425 [histor. Aufnahmen, u.a. Nobody Knows The Trouble I've Seen, gesungen von Louis Armstrong]

5. Trauermusik
    - Wolfgang Amadeus Mozart, Maurerische Trauermusik c-Moll KV 477. Columbia Symphony Orchestra, Dirigent: Bruno Walter. Zuerst CBS 1961, jetzt in: Bruno Walter. The Edition. Mozart und Haydn, Sony 1996, Sony Class

6. Kammermusik und Orchesterstücke
    - Johann Sebastian Bach, Orchestersuiten 1-4 BWV 1066-1069. Academy of St.Martin-in-the-Fields, Dirigent: Neville Marriner, Decca 1991 [hier: Suite Nr.3, Air]
    - Franz Schubert, Streichquintett C-Dur D 956. Pablo Casals, Isaac Stern, Alexander Schneider, Milton Katims, Paul Tortelier. CBS 1988, Masterworks Portrait

7. Klezmermusik

- Klezmer Music. A Marriage of Heaven and Earth. Ellipsis Arts New York 1996, CD und Booklet, ISBN 1-55961-383-1.
- Giora Feidman, The Soul Chai – die Seele lebt. Giora Feidman (Klarinette), NDR-Chor, Leitung: Werner Hagen. Verlag "pläne"Hamburg 1995, Pläne 88784 (CD und MC).

8. Kunstlieder und Popsongs

- Franz Schubert, Winterreise D 911. Dietrich Fischer-Dieskau, Gerald Moore (Piano). Deutsche Grammophon 1972, DG 415187-2.
- Eric Clapton, Unplugged. Time Warner Company 1992, Reprise 9362-45024-2.

Silvia Börgens

Um Kinder trauern

Bericht aus dem Arbeitskreis

A. Einleitung

Eine Einführungs- und Vorstellungsrunde vermittelte allen vierzehn Teilnehmerinnen - es waren ausschließlich Frauen anwesend - einen Eindruck, wie der Bezug jeder einzelnen zum Thema "Um Kinder trauern" war. Es lassen sich drei Gruppen unterscheiden:

- Ehrenamtliche Mitarbeiterinnen in der Hospizarbeit, die bislang Erwachsene in ihrer letzten Lebensphase begleitet haben; sie erkennen die Begleitung von sterbenden Kindern und deren Eltern und Geschwistern als eine Aufgabe, die "noch schwerer" ist, und erhofften sich Aufschlüsse über die Besonderheiten der Trauer um Kinder;
- Begleiterinnen von Gruppen trauernder Eltern, unter diesen auch selbst Betroffene, die bereits Erfahrungen im Umgang mit trauernden Eltern haben und einen Erfahrungs- und Meinungsaustausch pflegen wollten;
- in der Notfallversorgung Tätige (Rettungsleitstelle, Notfallseelsorge), die Informationen über den Umgang mit trauernden Eltern wünschten.

Ich erläuterte den Teilnehmerinnen, dass mir William Wordens theoretisches Modell der "vier Traueraufgaben" als eine didaktisch sinnvolle Herangehensweise erscheine, die folgende Vorzüge in sich vereint:

1. Es ist ein pragmatisches, handlungsleitendes Modell, das in seinen vier klar formulierten Aufgaben den Trauernden ganz konkrete Anhaltspunkte für die Trauerarbeit gibt.
2. Es vermittelt den Begleitern, wie sie die Trauernden bei diesen Aufgaben unterstützen können.
3. Es lässt sich auch auf die Sterbebegleitung erweitern, da die Beachtung der Grundsätze nicht nur dem Sterbenden, sondern auch den Angehörigen einen guten Abschied ermöglicht.

4. Es erlaubt, sowohl die Gemeinsamkeiten der Trauer um Kinder mit jeder Art der Trauer bei einem schwerwiegenden Verlust als auch die Unterschiede und Besonderheiten darzustellen.
5. Im Gegensatz zu vielen anderen theoretischen Modellen der Trauer (z.B. Kübler-Ross, Bowlby, Kast) sieht es keinen idealtypischen, in Phasen stattfindenden Verlauf der Trauer vor, in dem sich Trauernde in ihrer Selbsterfahrung oft nicht wiederfinden können, sondern die Traueraufgaben können von jeder trauernden Person in ihrer individuellen Weise bewältigt werden.

B. Die "vier Traueraufgaben" als Richtschnur für den Umgang mit Tod und Trauer

Ich möchte im folgenden aufzeigen, geprägt durch meine eigenen Erfahrungen als trauernde Mutter und in der Begleitung von trauernden Eltern, dass es nicht darauf ankommt, "*Verhaltens*techniken" zu erwerben, die zum Umgang mit Sterben und Trauer befähigen, als vielmehr auf eine *Haltung*. Diese Haltung zeichnet sich aus durch Wahrhaftigkeit, Offenheit gegenüber den eigenen Gefühlen und denen des Gegenübers, Hilfestellung bei der Lebensbewältigung nach dem Verlust und die Erkenntnis, dass die besondere Bindung zwischen dem Verstorbenen und denen, die ihn lieben, nicht mit dem Tode erlischt, sondern dass die Zurückbleibenden lernen müssen, die Beziehung auf eine neue, andere Weise zu erleben.

Dabei stütze ich mich auf die "vier Traueraufgaben", die William Worden (1991) formuliert hat: Aufgaben, die Trauernde nach einem Verlust zu bewältigen haben, um wieder in sinnvoller und erfüllter Weise am Leben teilnehmen zu können.

1. Die Realität des Todes anerkennen - Unterstützung durch Wahrhaftigkeit

"Lehre uns bedenken, dass wir sterben müssen,
auf dass wir klug werden." Psalm 90, Vers 12

Die Erkenntnis, dass ein Mensch, den wir lieben, gestorben und damit unwiederbringlich aus unserem Leben verschwunden ist, ist eine so schwere Erschütterung unseres Selbst- und Weltverständnisses, dass wir Zeit brauchen, um sie wirklich voll zu erfassen. Theorien über den Phasenverlauf des Trauerprozesses (z.B. Bowlby, 1980; Kast, 1982) beschreiben für die erste Zeit nach dem Eintritt des Todes eine Schockreaktion: Betäubung, Unglauben, Hoffnung, dass alles "ein

Missverständnis" sei, und, selbst wenn diese Hoffnung gegenstandslos ist, ein Gefühl des Irrealen. "Ich wundere mich, dass ich so ruhig und emotionslos bin. Es ist, als wenn ich in einem Film säße, der mich gar nicht wirklich selbst betrifft", ist ein typische Äußerung aus dieser Zeit.

Diese Reaktion kann verstanden werden als eine neurochemisch vermittelte Schutzreaktion, um eine Überflutung durch unerträgliche Gefühle zu vermeiden. Smeding (vgl. Smeding & Aulbert, 1997) beschreibt die Gespaltenheit der trauernden Person mit dem Bild des Janus, des doppeltgesichtigen römischen Gottes: Einerseits will sie den Verlust noch gar nicht wahrhaben und lebt weiter in der Vergangenheit, andererseits, auf einer funktionellen Ebene, streitet sie den Verlust nicht ab und reagiert "vernünftig", organisiert z.B. die Bestattung. Dieser Zustand des Nicht-Wahrhaben-Wollens kann zwischen wenigen Minuten und vielen Monaten dauern, aber er muss irgendwann zu Ende gehen, wenn die Trauerreaktion als emotionale Auseinandersetzung mit dem Geschehenen gelingen soll.

Trauernde kommen dann nur schwer von diesem Zustand los, wenn die unumstößliche Tatsache, dass ihr geliebter Mensch tot ist, in Frage gestellt werden kann. Dies ist z.B. bei den Angehörigen von Vermissten der Fall. Aber selbst Trauernde, die ein Grab und eine Sterbeurkunde haben, können von Zweifeln gepeinigt werden, ob nicht ein anderer im Grab liege. Regelmäßig treten bei schweren Verlusten solche Zweifel auf, wenn keine Gelegenheit bestand, den Verstorbenen noch einmal zu sehen und von ihm Abschied zu nehmen. Hier sind alle Beteiligten gefordert, diesen Abschied zu ermöglichen. Frühere Generationen waren weiser in diesem Punkt, indem der Verstorbene daheim aufgebahrt wurde und alle Verwandten, Freunde und Nachbarn Gelegenheit hatten, durch das ritualisierte Abschiednehmen die Realität des Todes zu erfahren. Die Verlagerung des Sterbens in die Krankenhäuser und die durchgreifende Verdrängung und Abwehr des Todes in unserer Gesellschaft haben diese Sitte leider fast völlig zum Erliegen gebracht.

Gerade für Frauen, die ein Kind in der Schwangerschaft und um den Zeitpunkt der Geburt herum verloren haben, hat das Erkennen der Realität des Todes besondere Wichtigkeit. Viele Frauen, deren Kind ungesehen aus ihrem Leben verschwand, verharren seelisch gleichsam in einer "Scheinschwangerschaft" und können ihre Trauer nicht richtig durchleben (Börgens, 1997a; Lothrop, 1998).

Der Einwand, man wolle den Hinterbliebenen den Anblick einer möglicherweise entstellten, missgestalteten Leiche ersparen ("Behalten Sie ihn so in Erinnerung, wie Sie ihn gekannt haben"), ist fast immer unzutreffend. Kaum je ist die tatsächliche Verunstaltung so schlimm wie die Nachtmahren, die die Trauernden sonst in ihrer Phantasie entwickeln. Und sollte dies einmal der Fall sein, z.B. bei Unfallopfern, gibt es immer noch die Möglichkeit, den Leichnam zuzudecken und den Trauernden z.B. eine unversehrte Hand zu zeigen.

Abschiedsrituale, die auch religiös geprägt sein können, geben den Trauernden in dem emotionalen Chaos, das sie erleben, eine Orientierung (van der Hart, 1982). Trauernde berichten, wie wohl ihnen ein Abschied in Ruhe und Würde getan hat, dass sie dadurch bei allem Schrecken etwas Gutes erfahren haben, das ihnen in der folgenden Trauerzeit geholfen hat.

Wie Sherwin Nuland in seinem verdienstvollen Buch "How we die" (1994) schreibt, ist das Grauen angesichts des Todes bei Angehörigen der helfenden Berufe keineswegs geringer. Viele Beobachtungen sprechen sogar dafür, daß die Wahl eines solchen Berufes durch eine tiefe Furcht vor dem eigenen Tod und das Bemühen, diese uneingestandene Furcht abzuwehren, mitbedingt sein kann. Wenn ich mich der Tatsache, dass auch meine Existenz zu Ende gehen wird, nicht stelle, kann ich nicht anderen helfen, die gerade - als Sterbende oder Trauernde - mit dem Tod konfrontiert werden. Durch das Erleben der eigenen Endlichkeit kann umgekehrt das Leben besonders wertvoll und wichtig werden, man lebt nicht mehr "in den Tag hinein", sondern bewusster und intensiver.

Wahrhaftigkeit heißt gegenüber einem Sterbenden und seinen Angehörigen nicht "schonungslose Offenheit", gar mit Angabe der verbleibenden Lebensfrist, sondern behutsames Eingehen auf das, was sie willens zu hören und in der Lage zu verkraften sind. Viele Todkranke sind aber sehr hellhörig für nichtverbale Botschaften, die ihnen übermitteln, was in der Rede geleugnet wird: dass ihr Leben bald zu Ende gehen wird. Dies trifft insbesondere auch für sterbende Kinder zu, die noch viel unbefangener auf die nonverbalen Signale reagieren. So kann, wie Nuland schreibt, die absurde Situation entstehen, dass zwar im Grunde jeder Beteiligte Bescheid weiß, aber "um den heißen Brei herumgeredet wird" und so die Gelegenheit vertan wird, im Verhältnis des Sterbenden und seiner Angehörigen noch etwas zu bereinigen und zu klären. Niemals sollte dabei die Hoffnung auf Genesung ganz genommen werden; man denke an die vielen "unerklärten Remissionen".

2. Den Trauerschmerz erfahren - Unterstützung durch Offenheit gegenüber Gefühlen

"'Ich kann nicht helfen', dachte er traurig,
denn er wußte nicht, dass er den einzigen Trost gebracht hatte,
den die Menschen in ihren größten Schmerzen annehmen können:
um sie zu weinen."
Bonsels: "Himmelsvolk", Kapitel: "Das sterbende Kind"

Die Heftigkeit der Gefühle, die nach der Schockphase aufbrechen, übermannt die Trauernden: Verzweiflung, Hoffnungslosigkeit, Deprimiertheit, Lebensangst, Schuldgefühle, Zorn. Auf der leiblichen Seite sind Schlaflosigkeit, Herz- Kreislauf- und Verdauungsbeschwerden und verringerte Immunabwehr, also Anfälligkeit gegenüber Infektionen aller Art, sehr häufig. Smeding bezeichnet diese Zeit als die Zeit im "Labyrinth": ein Suchen nach einem Ausweg, das auch immer wieder in Sackgassen führen kann. Alle Psychotherapeuten, die sich mit Trauer beschäftigt haben, stimmen darin überein, dass nicht einfach "die Zeit alle Wunden heilt", sondern dass es intensiver seelischer Auseinandersetzung bedarf, bis der Trauerschmerz allmählich milder und erträglicher wird. Freud (1981) prägte dafür den Begriff "Trauerarbeit". Das Bild des "Labyrinths" beinhaltet aber auch, dass Trauernde den "Ariadnefaden", der sie aus dem Labyrinth herausführen kann, selbst in den Händen halten: Sie wissen intuitiv, wenn sie auf ihr Gefühl vertrauen, was für sie im jetzigen Zustand die beste Art und Weise der Trauerverarbeitung ist.

Die Hilfestellung, die wir Trauernden geben können, besteht also nicht in noch so gut gemeinten Ratschlägen, sondern in der Ermutigung, ihren eigenen Weg zu finden. Alle Trauernde berichten dabei, dass sie die Äußerungen und Verhaltensweisen am tröstlichsten fanden, in denen ihr Gegenüber einfach und schlicht seinem Mitleiden, seiner Betroffenheit, auch seiner Hilflosigkeit Ausdruck verlieh und nicht zu wohlfeilen Tröstungsformeln griff, er/sie also ihre Trauer *aushielt* und nicht wegschob oder relativierte. Dies war für sie in der Einsamkeit der durch den Tod zerbrochenen Beziehung ein Zeichen der Verbundenheit mit anderen Menschen. Die kollektiven Trauerriten sind da, wo sie "echt" durchlebt werden und nicht in Formelhaftigkeit erstarrt sind, wohl auch solch ein Zeichen der Verbundenheit (vgl. Canakakis, 1993). Der Ausdruck von Mitleid und emotionaler Anteilnahme soll aber auch nicht so weit gehen, dass umgekehrt sich der Trauernde genötigt sieht, den Helfer zu trösten.

Unter allen Verlusten scheint der Tod des eigenen Kindes der am schwersten zu verkraftende sein. Eine Frau, die sowohl den Verlust ihres Ehepartners als auch den Tod des Sohnes zu beklagen hatte, fand im Gespräch folgendes Bild: "Als mein Mann gestorben ist, hatte ich das Empfinden, ich sei ein Baum, dem ein großer Ast abgehackt worden ist. Beim Tode meines Sohnes wurde mir das Mark herausgezogen." Auffällig in den Beschreibungen von trauernden Müttern ist eine leiblich spürbare Betroffenheit, eine tiefe Verletzung ihrer psychosomatischen Identität. Die lebensgeschichtliche Kontinuität von Schwangerschaft, Geburt und Erziehung verbindet sie stärker mit ihren Kindern als mit anderen Personen. Mütter wie Väter beschreiben einen Verlust der Zukunftsperspektive, der Hoffnungen und Pläne, die sie an ihre Kinder geknüpft hatten. "Ein Tod zur Unzeit", also vor der Lebensspanne, die wir modernen Menschen für uns gleichsam als garantiert ansehen, dies trifft auf den Tod der jungen Menschen besonders zu. Daraus entsteht oft quälende Grübelei: "Warum sind gerade wir betroffen?", auch Hadern mit Instanzen, denen die Verantwortung gegeben wird: Gott, das Schicksal, Personen, die im Sterbeprozess beteiligt waren. Auch Schuldgefühle über tatsächliche oder vermeintliche Versäumnisse und Fehler sind sehr häufig.

Beim Verlust eines Kindes in der Schwangerschaft oder um den Zeitpunkt der Geburt ist die psychosomatische Betroffenheit der Mutter besonders groß. Nicht nur trauert sie um einen einmaligen Menschen, zu dem sie bereits eine intensive Beziehung angeknüpft hat, sondern ihre Fähigkeit, Leben zu erhalten und in die Welt zu bringen, hat versagt. Nie ist die Diskrepanz zwischen dem, was die Mitmenschen als Trauerreaktion erwarten und zugestehen, und dem eigenen Erleben größer als in diesen Fällen. Auch der Vater trauert um die entgangenen Hoffnungen und Pläne, die er mit diesem Kind verbunden hat, doch fehlt seiner Trauer die intensive leibliche Komponente.

Wie Mütter und Väter - in der Tendenz - unterschiedlich trauern, wird von Ursula Goldmann-Posch (1988) ausführlich dargestellt. Wichtig ist mir vor allem, dass sich die leidenden Partner ihren je eigenen Trauerweg zugestehen und der Gesprächsfaden zwischen ihnen nicht ganz abreißt.

Warum ist es für die Helfenden nicht nur belastend, sondern auch bereichernd, sich den eigenen und fremden Gefühlen zu stellen? Unverarbeitete Trauer macht seelisch und körperlich krank (Bowlby, 1980); im Erleben der Verbundenheit angesichts des Todes kann auch für die Helfer eine Bewältigungsmöglichkeit bestehen. Es ist auch klar, dass wir uns innerlich ein Stück weit gegen das vielfache Leiden, Sterben und Trauern in unserem Arbeitsbereich abgrenzen müssen. Dies gelingt uns am besten, wenn wir eigene Verluste bearbeitet haben und daraus die Zuversicht ziehen und vermitteln können, dass das Leben nicht so hoffnungslos bleibt, sondern dass "am Ende des Tunnels ein Licht ist". Die Dankbarkeit, die

Trauernde und Sterbende den Helfern entgegenbringen, wenn sie von ihnen mitmenschliche Verbundenheit erfahren, ist auch eine Bekräftigung dieser Haltung.

Man kann sich den Trauerprozess im "Labyrinth" so vorstellen, dass durch das wiederholte Durchdenken, Durchleben und Durchleiden des Verlustes in allen seinen Facetten der Trauerschmerz allmählich seine Schärfe verliert. Es ist dies eine emotionale Habituation (Rachman, 1980), die ja auch von anderen starken Emotionen vertraut ist. Trauer ist insofern nichts Krankhaftes und bedarf, wenn eine Entwicklung im Trauerprozess erkennbar ist, auch keiner Psychotherapie. Die Gabe von Psychopharmaka ist sogar schädlich, weil sie die Trauernden nur emotional dämpft und den Trauerprozess blockiert, sollte also die absolute Ausnahme bleiben, z.B. bei fortgesetzter Schlaflosigkeit oder zum Überstehen von Akutsituationen, z.B. der Beerdigung. Dies gilt in besonderer Weise für den Alkohol; die Suchtproblematik ist gegenüber Trauernden offen anzusprechen.

Viele Trauernde sehnen sich nach einem Gesprächspartner, der sich in ihren Verlust einfühlen kann und ihnen zuhört. Auch der Kontakt mit Leidensgenossen, z.B. in einer Selbsthilfegruppe, kann dann wohltuend sein. Die meisten Selbsthilfegruppen werden für trauernde Eltern angeboten, auch dies ein Indiz für die besondere Schwere des Verlustes. "Hier kann ich mich wirklich äußern, wie es mir geht, und die anderen wissen, wovon ich spreche", ist eine typische Äußerung. Günstig für die Entwicklung in einer Selbsthilfegruppe ist, wenn ihre Mitglieder sich in verschiedenen Stadien des Trauerprozesses befinden, also nicht alle akut betroffen sind und sich dann möglicherweise gegenseitig noch mehr deprimieren.

Auch bei den meist als Gesprächskreisen organisierten Selbsthilfegruppen ist ein Unterschied der Trauerverarbeitung der Geschlechter erkennbar; sie werden häufig nur von den Müttern besucht. Wahrscheinlich ist der Versuch, eine schwere Belastung im Gespräch zu bewältigen, eine eher weibliche Verhaltensweise. Männer äußern eher: "Das Reden macht mein Kind auch nicht wieder lebendig", ein Ausdruck ihrer Tendenz, Probleme konkret-handelnd zu bewältigen. Die Hilfestellung für einen trauernden Mann könnte also darin bestehen, ihn zu Handlungen anzuregen, in denen er seine Trauer ausleben kann.

3. Sich einrichten in einem Leben, in dem der Verstorbene fehlt – Unterstützung durch Hilfe bei der Lebensbewältigung

"'Wenn Papa noch lebte,
hätten wir die Mauer sicher schon fertig.
Uns fehlt eben ein Mann,
der so stark ist wie er.'"
Edda Rönckendorff: "Die Erinnerung",
Kapitel: "Vierundzwanzigster Brief an Robinson"

Zu dem Trauerweg im "Labyrinth" gehört auch die immer wiederkehrende Erfahrung, dass der Verstorbene im alltäglichen Leben schmerzlich vermisst wird, dass die Lücken, die sein Tod gerissen hat, nicht nur emotional, sondern auch praktisch kaum geschlossen werden können. Dieses Problem kann beim Tode des Partners oder der Partnerin oder eines Elternteils schwerwiegender sein als beim Tode eines jungen Kindes. Die praktische Lebensbewältigung kann gerade in der ersten Trauerzeit so viel Kraft erfordern, dass für die emotionale Auseinandersetzung keine Energie übrig ist. Notgedrungen neue Fähigkeiten zu erwerben, die sonst in den Kompetenzbereich des Verstorbenen gefallen sind, kann aber auch befriedigend und ermutigend sein und Energien freisetzen.

Auch der umgekehrte Fall erfordert eine schwierige Anpassungsleistung: wenn nach längerem Leiden ein Mensch stirbt, der von seinen Angehörigen gepflegt worden ist. Hier fällt ja eine Aufgabe weg, die die Pflegenden ganz ausgefüllt hat; aber oft stellt sich gar nicht die erwartete Entlastung ein, sondern Depression und innere Leere. Es muss erst wieder eine neue Lebensaufgabe gefunden werden. Ähnliches trifft auch auf den Tod von Kindern zu, die noch im gemeinsamen Haushalt gelebt haben und versorgt worden sind. Hier wird die tägliche Routine zerbrochen, zumal wenn nur dieses eine Kind zu betreuen war.

Gleichzeitig kann durch die Trauer soviel Energie abgezogen werden, dass die praktische Bewältigung des Alltags fast unmöglich wird. Ich empfehle den Trauernden oft, sich nicht zu scheuen, die von Verwandten und Freunden angebotene Hilfe in Anspruch zu nehmen, in ganz konkreten Dienstleistungen wie Hilfe im Haushalt und Garten oder Besorgungen. Meiner Erfahrung nach sind Außenstehende oft erleichtert, etwas Praktisches tun zu können, und die Trauernden fühlen sich entlastet, wenn ihr Leben nicht völlig aus den Gleisen läuft.

Die Unterstützung bei der Frage: "Wie finde ich eine neue Lebensorientierung, neue sinnvolle Aufgaben?" kann nur ganz behutsam und im Sinne von versuchsweisen Anregungen sein. Auch hier muss der Trauernde seine Schritte selbst finden. Viele Trauernde berichten, dass es ihnen gutgetan hat, ein Haustier

(Hund oder Katze) zu halten, das ihrem Tagesablauf eine gewisse Struktur und Pflichten gibt, ihr Bedürfnis nach Zärtlichkeit teilweise erfüllt und im Falle des Hundes sie auch nötigt, sich täglich im Freien zu bewegen. Manche Trauernde, die ihr einziges Kind verloren haben, knüpfen eine engere Bindung zu anderen jungen Menschen. Dies sind aber Entwicklungen, die viel Zeit brauchen.

4. Dem Verstorbenen emotional einen neuen Platz zuweisen und das Leben fortsetzen -Unterstützung durch die Erkenntnis der besonderen Bindung

" ... wenn ... die verlierbaren Lebenden/
und die unverlierbaren Toten/
dir das Brot brechen und den Wein reichen/
und du ihre Stimmen wieder hörst/
ganz nahe/ bei deinem Herzen."
Hilde Domin: "Die schwersten Wege"

Worden hat die vierte Traueraufgabe ursprünglich anders formuliert: "Emotionale Energie vom Verstorbenen abziehen und in andere Bindungen investieren." In der Neuauflage seines Buches, die noch nicht übersetzt ist, schreibt er: "...to emotionally relocate the deceased and to move on with life." Die ursprüngliche Formulierung stimmt in die Trauertheorien ein, wonach es das Ziel eines gesunden Trauervorgangs ist, sich innerlich vom Verstorbenen zu lösen,oder, in psychoanalytischer Terminologie, "die libidinösen Besetzungen von den Repräsentanzen des geliebten Objektes abzuziehen" (Jerneizig/Langenmayr/Schubert, 1991). Dahinter steht letztendlich eine psychoenergetische Anschauung, wonach ich meine positiven Energien "haushälterisch" einzuteilen und nicht an unzugängliche Objekte zu "verschwenden" habe. Die Selbsterfahrung von Trauernden bestätigt diese Vorstellung nicht.

Das Buch "Continuing Bonds" (Klass/Silverman/Nickman, 1996) verschafft der anderen Sichtweise Raum: Nicht endgültige Trennung, sondern *Integration* der Beziehung mit dem Verstorbenen in das weitere Leben ist das Ziel. In Ruthmarijke Smedings Modell werden die fortbestehende Trauer und die neuerwachte Lebensfreude im Bild des "Regenbogens" vereint. Der Regenbogen erfordert ja die Integration zweier "gegensätzlicher" Zustände. Er steht auch als Symbol für Verbundenheit: die von Gott mit den Menschen (nach der Geschichte der Arche Noah) und die der Menschen untereinander. So ist er auch zum Signet der Elternvereinigung nach frühem Kindesverlust "REGENBOGEN" geworden.

Klass und seine Kollegen beschreiben anhand einer Vielzahl von Untersuchungen, dass bei schwerwiegenden Verlusten "zur Unzeit" die Trauer viel länger fortbesteht, als gemeinhin erwartet und zugestanden wird. Noch Jahre nach dem Verlust können erinnerungsträchtige Situationen zu einer Wiederbelebung der akuten Trauer mit Weinen und Fassungslosigkeit führen. Doch werden solche Episoden im Laufe der Zeit seltener und milder. Die Vorstellung, dass die Trauer irgendwann "abgetan" oder "weggesteckt" sei, lässt sich aber nicht aufrechterhalten.

Entscheidend ist, dass die fortbestehende Bindung keineswegs nur negativ erlebt wird. Witwen und Witwer, trauernde Geschwister, Kinder, die Eltern und Eltern, die Kinder verloren haben, erleben Trost und Linderung durch das Erleben, dass die Beziehung zum Verstorbenen nicht gänzlich abgerissen ist. Vielen ist hierbei die Überzeugung, dass es ein Weiterleben nach dem Tode und die Hoffnung auf ein Wiedersehen mit dem geliebten Verstorbenen gibt, eine große Hilfe (vgl. Kübler-Ross, 1988). Aber auch weniger konkrete Haltungen sind hilfreich, z.B. die Idee, sich im Sinne des Verstorbenen zu verhalten, sein Vermächtnis auszuführen oder sich in Entscheidungssituationen zu fragen, wie er jetzt wohl entschieden hätte. Einer der maßgeblichen Männer, die die Gründung des Acadia National Parks in Maine, des ersten Nationalparks im Osten der USA, gegen viele Widerstände 1919 durchsetzten, war Charles Eliot, Präsident der Harvard University. Sein Sohn, der als 26jähriger Landschaftsarchitekt verstorben war, hatte in mehreren Publikationen den Schutz dieser einmaligen Insel- und Fjordlandschaft gefordert. Ein Vater und eine Mutter, deren Sohn fünfjährig an Krebs gestorben ist, basteln in ihrer Freizeit hölzerne Dekorationsblumen für Gärten oder Gräber; der Erlös aus dem Verkauf fließt der Kinderkrebsstation zu. Eine Mutter äußert: "Meine Tochter war immer so fröhlich und lebenslustig, sie würde nicht wollen, dass ich immer nur traurig bin. Also versuche ich, in ihrem Sinne weiterzuleben und dem Leben auch noch etwas Schönes abzugewinnen."

Eine solche Haltung ist sicher nicht in wenigen Wochen zu erlangen. Erst einmal muss der Trauerschmerz durchlebt werden. "Den Verstorbenen emotional neu anzusiedeln" heißt eben, von allem Konkreten des gemeinsamen Lebens Abschied zu nehmen. Wenn es aber gelingt, einen positiven Kern der Beziehung zu erhalten, kann ich auch wieder in anderen Beziehungen Zuspruch und Befriedigung erfahren, wie ich es als vierte Traueraufgabe formuliert habe: "Emotionale Energie zum Verstorbenen fließen lassen *und* in andere Bindungen investieren" (Börgens, 1997b). Liebe ist eben gottlob kein Nullsummenspiel, bei dem ich meine Ressourcen sparsam einzuteilen hätte.

Die Unterstützung, die die Helfer bei zum Tode führender Krankheit dem Sterbenden und seinen Angehörigen geben können, besteht darin, ihre Bindung auch unter den erschwerten Bedingungen von Krankheit und Schmerzen, Apparatemedizin und Krankenhausroutine möglichst positiv zu erleben. Eine starke, liebevolle Bindung führt im Falle des Verlusts zu einer heftigen Trauer, aber in der Rückschau werden dann auch die positiven Erlebnisse tröstliche Kraft entwickeln. Zwiespältige und konfliktbeladene Bindungen führen zu komplizierter und schwer zu bewältigender Trauer (Kast, 1982), auch dies ein Argument dafür, Sterbende und ihre Angehörigen nicht gänzlich im unklaren über den Zustand zu lassen. Bei einem guten Verhältnis sollten die Angehörigen, soweit irgend möglich, in die Betreuung des Todkranken mit einbezogen werden. Dies gilt ganz besonders für die Versorgung von kranken Kindern; sie kann helfen, das Gefühl des Ausgeliefertseins an einen übermächtigen Apparat zu mildern. Wenn medizinisch nichts mehr getan werden kann, kann eine Entlassung nach Hause ein "Geschenk zum Abschied" sein (Sharkey, 1994; Lippens, 1988). Ängste der Angehörigen, wie sie die Pflege bewältigen können, können oft durch die Einschaltung eines Pflegedienstes und durch die Besuche von HospizhelferInnen gemildert werden. Im nachhinein führen tatsächliche oder vermeintliche Versäumnisse oft zu Schuldgefühlen. Das Gefühl, "alles für den geliebten Toten getan zu haben", kann umgekehrt tröstlich sein.

Trauer ist, wie gesagt, nichts Krankhaftes, sondern ein normaler Bestandteil unseres Lebens. "Die Unfähigkeit zu trauern" (ein Ausspruch der Mitscherlichs) scheint zwar ein Charakteristikum unserer modernen Gesellschaft zu sein, doch gewinnt die Erkenntnis wieder Raum, dass "Trauer heilende Kraft hat" (Zink, 1985). Alle Helfer, die mit Tod und Trauer konfrontiert sind, können mit dazu beitragen, daß Trauernde, aufgefangen durch ein liebevolles und unterstützendes Netz, ihre *seelischen Selbstheilungskräfte* aktivieren können.

C. Schlussbemerkungen

Meine Ausführungen, wie vorstehend dargestellt, wurden in der Gruppensitzung häufig durch Fragen, Anmerkungen und Diskussionsbeiträge unterbrochen. Besonders die Begleiterinnen von Gruppen trauernder Eltern steuerten aus eigener Erfahrung Ergänzendes und Bekräftigendes bei. Den Schluss bildete eine neuerliche Runde mit der Frage an die Teilnehmerinnen, was sie für sich und ihre Arbeit aus dieser Sitzung mitnehmen konnten. Stellvertretend sei die Äußerung einer Frau wiedergegeben, die in einer Rettungsleitstelle tätig ist: "Der ganz große, diffuse Schrecken, den ich immer empfinde, wenn ich vom Tod von Kindern erfahre, hat sich etwas geklärt. Ich glaube, dass ein Kind zu verlieren ganz schrecklich ist, sehe jetzt aber auch, dass Trost und Verarbeitung des Schmerzes möglich sind."

Dem stimmte ich zwar zu, wies aber auch darauf hin, dass nicht selten die Umstände des Todes so schlimm und/oder die Möglichkeiten der Eltern zu Trauerverarbeitung so begrenzt sind, dass der Tod des Kindes eine nicht zu heilende Wunde ist. Auch in diesen Fällen können wir Begleiter zumindest stützen und helfen, indem wir diesen trauernden Eltern die Möglichkeit zur Aussprache geben und den Zustand des Ungetröstetseins mit ihnen aushalten. Auch für diejenigen, die den Trauerweg gegangen sind, wird der Zustand nie mehr wie vorher sein. Es bleibt die Lücke, die der geliebte Mensch hinterlassen hat, und in diesem Sinne ist kein "Fertigwerden mit dem Verlust", wie es sich Außenstehende vielleicht vorstellen, möglich. Ich zitierte dazu abschließend den Text von Dietrich Bonhoeffer aus Mechtild Voss-Eisers Sammelband (1997) mit Texten und Gedichten aus der Erfahrung von Trauernden:

"Es gibt nichts, was uns die Abwesenheit eines lieben Menschen ersetzen kann, und man soll das auch gar nicht versuchen; man muss es einfach aushalten und durchhalten; das klingt zunächst sehr hart, aber es ist doch zugleich ein großer Trost; denn indem die Lücke wirklich unausgefüllt bleibt, bleibt man durch sie miteinander verbunden. Es ist verkehrt, wenn man sagt, Gott füllt die Lücke aus; er füllt sie gar nicht aus, sondern er hält sie vielmehr gerade unausgefüllt und hilft uns dadurch, unsere echte Gemeinschaft miteinander - wenn auch unter Schmerzen - zu bewahren. Ferner: Je schöner und voller die Erinnerung, desto schwerer die Trennung. Aber die Dankbarkeit verwandelt die Qual der Erinnerung in eine stille Freude. Man trägt das vergangene Schöne nicht wie einen Stachel, sondern wie ein kostbares Geschenk in sich."

Literatur:

- Börgens, S. (1997a): Der intrauterine und perinatale Kindstod: Begleitung und Hilfen zur Bewältigung. Die Hebamme 10, 78-83.
- Börgens, S. (1997b): Leibseelisches Trauererleben der Mütter frühverstorbener Kinder. Wege zum Menschen 49, 295-303.
- Bowlby, J. (1980): Attachment and Loss, Vol. III: Loss, Sadness, and Depression. Penguin Books, London.
- Canakakis, J. (1993): Ich sehe deine Tränen. Kreuz, Stuttgart.
- Freud, S. (1981): Trauer und Melancholie. In: Gesammelte Werke, Bd. X. Fischer, Frankfurt.
- Goldmann-Posch, U. (1988): Wenn Mütter trauern. Kindler, München.

- van der Hart, O. (1982): Abschiednehmen. Abschiedsrituale in der Psychotherapie. Pfeiffer, München.
- Jerneizig, R., Langenmayr, A., Schubert, U. (1991): Leitfaden zur Trauertherapie und Trauerberatung. Vandenhoeck & Rupprecht, Göttingen.
- Kast, V. (1982): Trauern. Phasen und Chancen des psychischen Prozesses. Kreuz, Stuttgart.
- Klass, D., Silverman, P.R., Nickman, S.L. (eds.) (1996): Continuing Bonds. New Understandings of Grief. Taylor & Francis, London.
- Kübler-Ross, E. (1988): Über den Tod und das Leben danach. Verlag "Die Silberschnur", Melsbach.
- Lippens, F. (1988): Felix - Eltern begleiten ihr sterbendes Kind. Deutsche Hebammen-Zeitung 40, 56-61.
- Lothrop, H. (1998): Gute Hoffnung - jähes Ende. Kösel, München.
- Nuland, S. (1994): How we die. Chatto & Windus, London (dt.: Wie wir sterben. Kindler, München).
- Rachman, S. (1980): Emotional Processing. Behaviour Research and Therapy 18, 51-60.
- Sharkey, F. (1994): Geschenk zum Abschied. Knaur TB, München.
- Smeding, R., Aulbert, E. (1997): Trauer und Trauerbegleitung in der Palliativmedizin. In: Aulbert, E., Zech, D. (Hg.): Lehrbuch der Palliativmedizin. Schattauer, Stuttgart.
- Voss-Eiser, M. (Hg.) (1997): "Noch einmal sprechen von der Wärme des Lebens...". Herder, Freiburg.
- Worden, J.W. (1991): Grief counseling and grief therapy. A handbook for the mental health practitioner. Springer, New York (dt.: Beratung und Therapie in Trauerfällen. Huber, Bern).
- Zink, J. (1985): Trauer hat heilende Kraft. Kreuz, Stuttgart.

Fritz-Reinhold Huth

Sterberituale in verschiedenen Kulturen und Religionen Die Beispiele »Hinduismus« und »Buddhismus«

1. Vorbemerkungen

Alles, was ich in diesem Referat anspreche, ist zu sehen vor dem Hintergrund von drei Tendenzen, die das gegenwärtige Bewusstsein nachhaltig prägen:

- Globalisierung, d.h. Multikulturelle und multireligiöse Gesellschaft
- Säkularisierung, d.h. Der Einfluss religiöser Inhalte bei der Bewältigung von Leben und Tod lässt nach.
- Esoterisierung, d.h.: Wertebereiche der Lebens- und Heilungskultur werden von esoterischen Gedanken und Methoden erfasst.

Ich will mich in meiner Schilderung von Sterberitualen auf den Bereich von Hinduismus und Buddhismus beschränken.

Mit vielen Hindus und Buddhisten kann man im Alltag wie mit "Westlern" sprechen. Sie sind wie wir von westlicher Kultur und Lebensweise geprägt.

Im Falle einer schweren Krankheit oder gar angesichts des herannahenden Todes treten allerdings oft wieder "alte", d.h. aus der Kindheit gewohnte, Verhaltensmuster auf (Regression, Besinnung auf die eigene kulturelle und damit auch religiöse Tradition). Damit treten dann auch die "westlichen" Prägungen zurück. Das macht es schwer, mit Menschen, die einen anderen religiösen Hintergrund haben, in solchen Krisensituationen zu kommunizieren.

2. Hinduistisches und buddhistisches Denken[1]

Hindus wie auch Buddhisten glauben an die Wiedergeburt (Reinkarnation). Jedes Wort, jede Tat hat Folgen, die sich in diesem oder einem späteren Leben manifestieren. Dies ist das Gesetz des Karma. Erlösung ist für die Buddhisten u. Hindus der Ausstieg aus dem "Rad der Wiedergeburten" (Samsara). Dazu ist ein

---

1 (vergleiche zu diesem Abschnitt auch: V. Glasenapp: "Die Philosophie der Inder" – Seite 12 ff.)

ethisch verantwortliches Leben und meditative Versenkung nötig. Während im Hinduismus eine Vielzahl von Göttergestalten existiert, ist im Buddhismus eine personale Gottesvorstellung nicht im Vordergrund. Es kommt aber auf die Prägung der einzelnen Traditionen an. Im Mahajana-Buddhismus etwa hat der Bodhisattva eine Art Vermittler- und Erlöser-Funktion, im Zen-Buddhismus in Japan gibt es solche Mittler-Gestalten nicht. Dort ist jeder Mensch für seine eigene Erlösung verantwortlich.

3. Sterbebegleitung eines Hindus / einer Hinduistin

Grundsätzlich ist zu sagen, dass die Begleitung Sterbender aus anderen Religionen am besten von deren Angehörigen, von Freunden, die der gleichen Religion anhängen, und von den jeweiligen religiösen Würdenträgern durchgeführt werden sollte.

Wenn das nicht möglich ist, sollten die Begleiter wissen, wie eine solche Begleitung in der Kultur und Religion, aus der der/die Sterbende kommt, üblich ist und sich soweit wie möglich danach richten.

Bei den Hindus gibt es einen klassischen Ablauf[2]. Der Sterbende lässt sich von seinen Angehörigen in das Dorf tragen. Der Kopf liegt in Richtung Süden, wo das Reich des Totengottes Yama angenommen wird. Der Platz, wo er liegt, wird gereinigt und mit Blumen bestreut. Die Götter werden angerufen, um dem Sterbenden Schutz zu geben. Die Verwandten setzen sich im Kreis um den Sterbenden. Ein Brahmane (Priester) wird gerufen, der Verse aus den hl. Schriften zitiert, z.B. aus den Veden.

Nach hinduistischem Glauben hat der Zustand des Bewusstseins zum Zeitpunkt des Sterbens Einfluss auf die Art der Wiedergeburt. In der Bhagawat-Gita sagt der Gott Krishna: "Denn woran man zuletzt gedacht, wenn man aus diesem Leben entweicht, in das wird man umgestaltet, so dass man ihm nach dem Tode gleicht."

Der Name des jeweils verehrten Gottes wird angerufen, etwa der von Krishna, Shiva oder Vishnu. Das Anrufen des Gottesnamens provoziert die Präsenz des Gottes. Die Angehörigen können für den Sterbenden nichts weiter tun, denn er wird im Tode von seinen vergangenen Taten fortgezogen.

---

2 S. auch: Georg Schwickart: "Tod u. Trauer in den Weltreligionen", Gütersloh 1999, S. 133 ff.).

Da fromme Inder am liebsten in Varanasi (Benares) sterben, auch vorher noch ein Bad im Ganges nehmen, ist es üblich, dem Sterbenden Wasser vom Ganges einzuflössen. Dies tut die Familie reihum und löffelweise.

Ist der Tod eingetreten, singen die Angehörigen Mantras und Gebete. Der Körper des Toten wird gewaschen, geschmückt und bekränzt, in ein neues Kleid gehüllt - meist von rotgoldener Farbe – und für drei Tage aufgebahrt. Alle Freunde und Verwandte nehmen in dieser Zeit Abschied von dem Verstorbenen.

Der Leichnam wird dann verbrannt, wobei der älteste Sohn dem Vater oder der Mutter "das Feuer geben muss", d.h. den Scheiterhaufen entzünden muss.

4. Sterbebegleitung bei einem Buddhisten / einer Buddhistin

Es ist üblich, einen religiösen Meister oder Mönch zu rufen. Er oder auch ein "Laie", der Buddhist ist, soll dem Sterbenden gut zureden, die Angst mindern, an die "3 Juwelen" des Buddhismus erinnern: Den Buddha, den Dharma (die Lehre) und den Sangha (die Gemeinde).

Dem Sterbenden werden meditative Texte ins Ohr gesprochen. Menschen, die wehklagen und weinen, sollen von dem Sterbenden weggehen: Er soll nicht abgelenkt werden auf seinem Weg, denn der Schmerz der Trennung ist ein Zeichen des "Festhalten-Wollens", der Anhaftung.

Wenn möglich, soll der Sterbende auf die rechte Seite gelegt werden. In dieser Stellung ist der Überlieferung nach Buddha gestorben. Im tibetischen Buddhismus glaubt man, der Geist verlasse den Körper durch eine der 7 Körperöffnungen. Eine gute Wiedergeburt mit viel Weisheit verheißt nach dieser Tradition ein Austritt des Bewusstseins aus dem linken Nasenloch. Deshalb werden in einem besonderen Ritus alle rechten Energiekanäle mit der Hand verschlossen.

Es wird immer wieder ein besonderes Mantra gesprochen, das falsche Wünsche vernichten soll und das Wünschen des Sterbenden in Richtung Befreiung und Erleuchtung bringt. Die erste halbe Stunde nach dem Tod darf der Tote nicht berührt werden. Das Bewusstsein ist in dieser Zeit noch wach. Erst nach dieser Zeit wird das Bewusstsein "ohnmächtig".

Innerhalb der nächsten drei Tage soll der Leichnam bestattet werden. Ist das nicht möglich, muss bis zum 49. Tag mit der Bestattung gewartet werden.

Angelika Ertl

Interkulturelle Aspekte in der hospizlichen Arbeit

Bericht aus dem Arbeitskreis

Hospitium Gastfreundschaft
.... *dass zum Leben auch das Sterben gehört*
.... *wir den Tod nicht aussparen* ....

Was beschäftigt die Teilnehmerinnen und Teilnehmer in Bezug auf das Thema des Gesprächskreises? Mit welchen Fragen kommen Sie in die Gruppe?

Nur auf *den ersten Blick* überrascht es zu hören, dass die Themen die durch diese Begrüßungsrunde in den Mittelpunkt gerückt sind, die *direkte* hospizliche Begleitung nicht betreffen: Erfahrungen von schwierigen beruflichen Begegnungen mit Ausländern, Enttäuschungen in der Beziehung mit ausländischen SchülerInnen, Einstellungen gegenüber politischen Auseinandersetzungen, die Ausländer in Deutschland führen, beispielsweise von Kurden ... Wir hatten uns also zunächst einmal mit den eigenen gesellschaftlichen Erfahrungen und Positionen zu beschäftigen, bevor wir uns den direkten Fragen der Beziehungsgestaltung in der Seelsorge zuwenden können.

Interkulturelle Aspekte betreffen dabei zunächst einmal den Bereich der Gefühle: Gefühle, die sich störend einmischen in das sonst so sichere Terrain der eigenen Professionalität. Gefühle von Ärger, Enttäuschung, Unsicherheit, Angst sind zu bewältigen und Spannungen auszuhalten. Wenn man in der hospizlichen Arbeit steht, ist man aber eher darauf eingestellt, dass es um Trauer und Trösten gehen mag und die Frage, ob man die Möglichkeit findet, auch Menschen anderer Glaubens- und Wertewelten darin begleiten zu können.

So waren wir also sehr schnell mitten in der emotionalen Debatte, welchen Platz wir MigrantInnen in unserer Gesellschaft geben und welchen sie sich nehmen. Deutlich wurde dabei, wie spannungsreich und komplex solche Diskussionen sind und wie schmal der Grat ist zwischen der Anerkennung eigener Gefühle, Werte und der Zuschreibung von Haltungen (Ausländerfeindlichkeit), der Schulzuweisung und Vorurteilsbildungen.

Nach einer Pause haben wir einen leichteren Weg gewählt und nach den eigenen Ressourcen gesucht, die jede/jeder in eine interkulturelle Arbeit einbringt:

> Was spricht mich an? Macht mich neugierig? Interessiert mich am Anderen? Welche Fragen habe ich? Und wie würde ich (ohne Worte) den Kontakt aufnehmen zu einem Menschen anderen Glaubens?

Anhand von ausgewählten Portraits konnten die Teilnehmerinnen und Teilnehmer die eigenen "Schlüssel" suchen für Kontakt und Beziehungsgestaltung.

Die Frage einer Teilnehmerin "geht dass denn überhaupt, dass Tränen ineinander fließen können in der interkulturellen Hospizarbeit?" am Ende des Nachmittags verdeutlichte: In der Seelsorge mit kulturell und religiös geprägten Menschen kann die eigene Gewissheit, die eigenen "Standards", die auf dem Boden der eigenen Wertewelt entstehen nicht fraglos übernommen werden. Unsere Vorstellungen möchten neu befragt werden, wenn wir einen neuen Boden betreten wollen – den der interkulturellen Welt.

Ein Leitfaden zum Nachdenken über eigene Welten und für Gehversuche im interkulturellen Feld der Trauer- und Sterbebegleitung fasst wichtige Positionen zusammen, die im Projekt "Praxisfeld interkulturelle Altenpflege" entwickelt wurden:

Der verstellte Blick

Wir hören und entwickeln Bilder
von Menschen anderer Religionen
von Menschen anderer Kulturen
Diese karikieren in der Regel einen Aspekt einer Religion

Jeder Mensch hat seinen persönlichen Glauben
der sich in einem Leben entwickelt und wandeln kann.

Mehrheiten und Minderheiten
Gastgeber und Gast:

- In wessen Welt treffen wir uns
- und welche Spielregeln herrschen dort?
- Gehören wir zur Mehrheit oder Minorität?

Das Wagnis der Beziehung

Zwischen Neugier und Angst oder Befremden
Finden wir die Tore einer uns neuen Welt
entwickeln sich die Beziehungen zu Andersgläubigen

Das Innere Ausland auffinden

Durch den Kontakt mit uns Fremden wird uns unser
"inneres Ausland" neu zugänglich. Wir entdecken
was hinter der Tür des Be-Fremden zu uns selbst gehört
und aus dem Sinn, dem Bewusstsein verbannt war.

Suche nach Wertschätzung, Sinn und Heimat, Liebe
und Gott ist mit der eigenen Glaubens- und Wertesozialisation verbunden.
Durch Anders-Denkende und Anders-Handelnde
Kommen wir deshalb auch in Berührung mit eigenen Erfahrungen von
Unterwerfung, Verzicht, Beschämung.

Die Herausforderung in interkulturellen Beziehungen
Besteht darin, die Türschilder ins "Innere Ausland" aufzufinden,
und zu erkennen, um die Gefühle und Haltungen zur Vergangenheit nicht
fraglos auf das äußere Ausland projizieren zu müssen.

- Was gehört zu mir
- In dem was mich entrüstet oder empört?
- Was höre ich auf dem Hintergrund meiner Geschichte?

Kränkbar sein

Mit den verletzbaren Seiten des eigenen Lebens sind wir beteiligt,

- wenn wir in Beziehung treten
  an den Grenzen des Lebens
- wenn wir ins Gespräch kommen über
  Sehnsüchte, Glauben, Wünsche, Visionen
  bewegende Fragen

Unterschiede und Differenzen anerkennen

Wenn sichtbare Zeichen unseres Glaubens
Keine Beachtung finden

Inter-kulturelle Beziehung
heißt auch Ich sein in meiner Suche
nach Orientierung, Abgrenzung, Bestätigung.
Heißt
Trennung ertragen und mit der Angst vor Verlust und Hoffnung
auf Teilhabe bewusst sein.

Der Schlüssel zur wechselseitigen
Anerkennung und Wertschätzung
liegt im Wahrnehmen der
Unterschiede von Werten, Haltungen,
Ausdrucksweisen, Verhaltensweisen und Symbole.

Der Rahmen der eigenen Glaubenswelt

Die Verführung liegt darin, die Grundsäulen
der eigenen Wertewelt und die Normen
als Schutzschild zu tragen.
Doch die Schlüsselfrage, die eine interkulturelle
Beziehung und Erweiterung ermöglicht heißt:

- wie eröffnet sich der Raum für
  das Leben der unverzichtbaren Werte
- Welche Wege stehen mir offen
  mit meinem Glauben, in meiner Wertewelt?
- Welche Grenzen habe ich zu überschreiten?

Fallbeispiel:
Raum für das Leben von Werte und Glauben schenken
die eigene Wertewelt verlassen

Schwester A. arbeitet in einer kleinen Pflegestation.

Das Konzept der Einrichtung sieht eine würdevolle Sterbebegleitung nach christlichem Leitbild vor. In allen Zimmern hängen Kruzifixe.

Es kommt zu folgendem Konflikt:

Ein Angehöriger von Herrn C. hängt das Kruzifix weg. Schwester A. ist der Meinung, dass das Kreuz notwendig ist und zum Geist des Hauses gehört und deshalb für die Sterbebegleitung unverzichtbar ist. Es kommt zu einer Meinungsverschiedenheit zwischen dem Angehörigen und der Pflegerin. Die Schwester setzt sich gegen den Willen des Angehörigen durch.

- Welchen Umgang fordert die Vorstellung von Sterben und Tod im Christentum?
- Welche Bedeutung hat das Kreuz?
- Welche Pflegeziele können der Haltung der Schwester zugrunde liegen?
- Was wird infrage gestellt?
- Worin würden Sie sich infrage gestellt fühlen als Schwester A.?
- Welche Möglichkeiten entdecken Sie, den Machtkampf zu verlassen und Raum zu geben für eine interkulturelle Begleitung?

- Was bewegt Sie dazu, Sterbende zu begleiten
- Welche persönlichen Empfindungen kennen Sie, wenn sie auf dem Grat zwischen Leben und Tod mit anderen mitgehen
- Was bringt Sie selbst an Ihre Grenzen? Was über-fordert?
- Wenn Glaube und Werte woanders zuhause sind ...
  Erinnern Sie sich an eine Situation, die Sie *befremdet* hat?
  Erinnern Sie sich an eine Situation, die Sie *beeindruckt* hat?

Urte Bejick

An den Grenzen der Selbstbestimmung

Aktive Sterbehilfe – Erlösung vom (sinnlosen) Leben?

"Sterbehilfe" in den Niederlanden und die deutsche Diskussion

"Eine aktive Sterbehilfe lehnen wir ausdrücklich ab", ist in den Satzungen von ambulanten und stationären Hospizdiensten zu lesen. "Hospizarbeit versteht sich als Alternative zur aktiven Sterbehilfe" ist Grundsatz der Hospizbewegung. Obwohl die Hospizarbeit inzwischen Anerkennung in der Öffentlichkeit und in den Medien genießt, ist in der öffentlichen Diskussion ebenso die Frage nach einer aktiven Sterbehilfe präsent. Neue Nahrung erhielt die Diskussion durch die Verabschiedung des "Euthanasiegesetzes" in den Niederlanden im April 2001 und durch die Aktivität der Laiengesellschaften "Exit" und "Dignitas" in der Schweiz sowie der "Gesellschaft für Humanes Sterben" in Deutschland. Dabei erlaubt die niederländische Gesetzesreform keinesfalls eine willkürliche "Euthanasie".

Die aktive Sterbehilfe ist nach wie vor strafbar, wird aber unter bestimmten Bedingungen legalisiert. Das im April verabschiedete Gesetz ordnet eine bisher geduldete Praxis, bei der Sterbehilfe praktizierende Ärzte nie wissen konnten, ob sie straffrei ausgehen würden oder nicht[1]. Um straffrei zu bleiben ist der Arzt an folgende Bedingungen gebunden:

- er muss sich vergewissert haben, dass ein freiverantwortliches und wohlüberlegtes Verlangen des Patienten vorliegt;
- er muss zu der Überzeugung gelangt sein, dass ein aussichtsloses und unerträgliches Leiden vorliegt;
- er muss den Patienten über seine Situation und seine Aussichten informiert haben;

---

1 Bert Gordijn, Die derzeitige Euthanasie-Debatte in den Niederlanden. In: Palliativmedizin - Die Alternative zur Sterbehilfe. Zur Euthanasiediskussion in Deutschland. Hg. Bert Gordijn et al. Beiträge zur Palliativmedizin 2. Stuttgart/New York 1998, S. 9-22.

Zur Vorgeschichte aus der Sicht der niederländischen „Euthanasie-Bewegung“: Overzicht Euthanasiewetgeving. Hg. Nederlandse Vereniging voor Vrijwillige Euthanasie. Amsterdam 2000.

- er muss mit dem Patienten die Überzeugung teilen, dass es keinen anderen Ausweg gibt;
- er muss mindestens einen weiteren unabhängigen Arzt für die Untersuchung hinzuziehen;
- er muss die Lebensbeendigung medizinisch sorgfältig durchführen.

In dem Gesetz geht es also um eine Tötung auf Verlangen, die wiederholt und bei klarem Bewusstsein von unheilbar kranken Patienten gewünscht wird, für die es keine Alternativen zu diesem letzten Ausweg zu geben scheint.

Die meisten Fälle einer Sterbehilfe auf Verlangen ereignen sich nicht im Krankenhaus, sondern in häuslicher Umgebung. Das niederländische Gesundheitssystem bindet Patientinnen und Patienten frühzeitig an einen Hausarzt. Hausärzte und -ärztinnen kennen die Patienten seit Jahren, haben sie während der tödlichen Erkrankung begleitet und verhelfen ihnen zuletzt auf Wunsch zum Tod. Trotz des Protestes einiger Kirchen und Religionsgemeinschaften leisten auch sich als aktive Christen verstehende Ärztinnen und Ärzte Sterbehilfe, und manche Seelsorger und Seelsorgerinnen stehen den so aus dem Leben scheidenden Menschen bei.

Neben dieser "ärztlich assistierten Sterbehilfe" gibt es in der Schweiz und in Deutschland auch Laienorganisationen wie "Dignitas", "Exit" oder die DGHS, die Beihilfe zum Suizid leisten und ein recht auf "selbstbestimmtes Sterben", d.h. der Lebensbeendigung auf eigenen Wunsch, fordern.

Auch die Laienorganisationen zugunsten einer aktiven Sterbehilfe nehmen für sich in Anspruch, sterbenswillige Patientinnen und Patienten zu "begleiten". Ihre "Helfer/innen" beraten die Betroffenen und sind während ihrer Selbsttötung durch Medikamente oder einen über den Kopf gezogenen Plastiksack anwesend. Sie nehmen für sich in Anspruch, eine "bessere" Begleitung zu bieten, da sie Menschen in aussichtloser Lage eine schnelle "Erlösung" gewähren.

Die Begründung "aktiver Sterbehilfe" ist dabei längst über die Aporie tragischer Einzelschicksale hinausgegangen und postuliert zunehmend ein "Recht zu Sterben". Befürworter der niederländischen Regelung betonen, dass in einer demokratischen, pluralen Gesellschaft jeder Mensch über sein Leben selbst bestimmen könne - demnach auch über das eigene Lebensende. "Menschenwürde" wird dabei mit "Selbstbestimmung" gleichgesetzt, die es "bis zur letzten Minute" wahrzunehmen gelte. Diese Rede von der "Selbstbestimmung" erscheint in der gegenwärtigen Diskussion in zwei Kontexten: einmal in der Diskussion über eine "aktive Sterbehilfe", dann aber in "weicherer" Form in der Verbreitung von Patientenverfügungen. Im Anschluss an die Veröffentlichung der "Christlichen Patientenverfügung" 1999 setzte eine gegenseitige Polemik unterschiedlicher

Organisationen ein, die jeweils ihr Formular als das sicherste und "Autonomie" gewährende anpriesen.

Selbstbestimmung als Protest gegen die ärztliche Allmacht

Das Postulat der "Selbstbestimmung" am Lebensende ist Ausdruck einer Götterdämmerung der ehemaligen "Halbgötter in Weiß". Sie ist die Kehrseite eines inzwischen brüchig gewordenen Fortschrittsoptimismus.

Trotz wachsenden Misstrauens gegen die "Apparatemedizin" ist dieser Glaube noch lange nicht erloschen, wie es jüngste Presseberichte über das Genomprojekt oder Möglichkeiten, das Altern des Menschen zu stoppen, zeigen. Dieser Glaube an die Allmacht der Medizin ist oft kritisiert worden und muss an dieser Stelle nicht weiter ausgeführt werden. dass sterbende Menschen dieser Medizin eine Niederlage zufügen und daher als störend gelten, versteht sich von selbst. Daher nur ein kurzes Zitat von Franz Werfel, der 1926 in "Der Tod des Kleinbürgers" giftig das Verhalten der Ärzte gegenüber einem Sterbenden beschreibt:

> "Man ließ Fiala ungeschoren und bei der Visitation am Vormittag widmete der Professor dem Sterbenden keinen Blick mehr. Nach dem Mittagessen endlich ging der Wärter ins Zimmer, um nachzusehen, ob man den Assistenzarzt holen könne, damit er den Tod konstatiere. (Der Sterbende hat sich aufgerichtet und verlangt Milch zu trinken.) Der Arzt war ernsthaft ungehalten über die Renitenz des Sterbenden. Es kam natürlich manchmal vor, dass man sich in der Zeitbemessung irrte. Aber Wohlwollen erzeugte solche Unpünktlichkeit der Natur keineswegs. Der Assistent sah drein wie ein hoher Staatsbeamter, der einer Partei gegenüber sich irgendeinen Formfehler hat zuschulden kommen lassen, und eine ungezwungen ablehnende Haltung einnimmt, um ja keine Betretenheit zu zeigen. Es war ihm, als sei nicht nur die Medizin, sondern die Autorität schlechthin blamiert"[2].

Diese hier karikierte Haltung hat inzwischen ein neues Bild des Sterben mit sich gebracht: die Angst vor den Möglichkeiten der Medizin. Erhält Karl Fiala im Roman sein Leben aus eigener Willenskraft noch aufrecht, so können heute Menschen durch "lebensverlängernde Maßnahmen" zwar nicht geheilt, aber längere Zeit am Leben und Sterben gehalten werden.

---

2 Franz Werfel, Der Tod des Kleinbürgers und andere Erzählungen. Ffm. 1978, S. 35f.

Es scheint, als seien alle menschlichen Ängste vor dem Tod jetzt in die vortodliche Phase verlegt worden. Die einstmals hilfreiche Technik wird dabei pauschal als Folterinstrument charakterisiert. Wo in mittelalterlichen Holzschnitten Dämonen den Kranken umschwebten und ängstigten, hat die Gegenwart eine eigene Ikonographie des Schreckens entwickelt - kaum ein Zeitungsbericht über Sterbehilfe, der nicht einen vollverkabelten Menschen auf der Intensivstation oder einen Arm mit Injektionsnadeln zeigt. Es ist egal, ob die Geräte der jeweils abgebildeten Person nicht doch nutzen, ob es sich bei ihnen um Sterbende handelt oder Menschen, denen mit einer intensivmedizinischen Behandlung noch geholfen werden kann: "die Intensivstation" ist zur Metapher für die mit dem Sterben verbundenen Ängste geworden.

"Für die meisten von uns ist es eine grauenhafte Vorstellung, nur noch von Schläuchen, Infusionen und Beatmungsmaschinen am Leben gehalten zu werden" [3].

Neues Verständnis des Patienten

Es ist verständlich, dass Menschen diesem Schrecken entgehen oder ihn beherrschen möchten. Hatte der mittelalterliche Mensch hier zwar wenig medizinische Möglichkeiten, aber Rituale und Bräuche zur Verfügung, hat sich heute das Bild des Kranken und Sterbenden gewandelt. Krankenhäuser gelten als "Gesundheitscenter", in den Abteilungen der Krankenkassen wird "disease management" betrieben. Der moderne Krankenhauspatient gilt als "Kunde" oder als Manager der eigenen Gesundheit, der auch sein eigenes Ende "managt". Er wird zum Konsumenten einer Dienstleistung, die "gutes" Sterben sichern soll.

Dieses "Selbstbestimmungsrecht" beschränkt sich für Befürworter der aktiven Sterbehilfe nicht allein auf das Für und Wider ärztlicher Maßnahmen, sondern auf Leben und Sterben an sich. Die "Deutsche Gesellschaft für Humanes Sterben" hält in ihrer Satzung 1983 fest:

> "Die Gesellschaft versteht sich als eine Bürgerrechtsbewegung zur Verwirklichung der Selbstbestimmungsrechtes des Menschen bis zur letzten Lebensminute"[4].

---

3 Brigitte Weining, Patientenverfügung: Vorsorge für den Ernstfall! In: WISO 9 (1999), S. 57-62, S. 57.

vgl. hierzu zahlreiche Zeitungsartikel wie: Martin Piewak, Das lange Sterben des Walter K. DIE ZEIT 17 (19.04.2001), S. 27f.

Viel Auswahl hat er allerdings nicht, wo die platte Alternative "Apparatemedizin", Behandlungsabbruch oder gar Tötung lautet.

Neues Menschenbild

Dem gewandelten Bild des "Kranken" als Manager seiner eigenen Gesundheit liegt ein gewandeltes Menschenbild zugrunde. Der Patient früherer Zeiten war ein Leidender, der bereits durch seinen Namen gekennzeichnet war: "pati" heißt erleiden, erdulden. Das Wort "passiv" leitet sich von pati ab. Nichts ist kränkender für den heutigen Menschen als "passiv" zu gelten. Wie der Mensch seine Kinder, seine Berufsausbildung, finanzielle Absicherung und Altersversorgung "plant", wird das Lebensende in diesen Planungsprozess miteinbezogen. Auch das Ende wird nicht hingenommen, sondern selbstbestimmt geplant. Der Mensch "verfügt" dabei über seinen Leib wie über sein Leben wie über eine Sache, er wird sich selbst zum Gegenstand. So Norbert Hörster:

> "Man betrachte folgendes Beispiel: das Eigentumsrecht, das ich an meinem Auto habe, schließt in keiner Weise aus, dass ich mein Auto, wenn ich es nicht mehr brauchen kann, verschrotte. ...Ich sehe keinen Grund, da auch das Leben – nicht anders als das Eigentum - ein individuelles, also dem betreffenden Individuum zugeordnetes Gut ist"[5].

Die DGHS und andere humanistische Organisationen, die für eine aktive Beendigung des Lebens eintreten, argumentieren dabei - auch aufgrund des Widerstandes der Kirchen gegen eine aktive Sterbehilfe - bewusst anti-religiös. Zustimmend zitiert das Magazin der DGHS eine Fernsehvorankündigung der Frankfurter Rundschau zu "Tod und Sterben":

"Die größte Sehnsucht des Menschen ist es, ewiges Leben zu erlangen. Jede Religion bietet daher ihren Gläubigen ein Heilsversprechen, was im Grunde ewiges Leben bedeutet. Der Tod wird dann nur als eine Art Durchgangsstadium zum eigentlichen Leben im Jenseits verstanden. Erst unsere moderne, von Rationalität und Wissenschaft geprägte Gesellschaft konzipiert ein ausschließlich diesseitiges Leben. Wo das Leben nicht mehr auf religiöse Sinngebung angewiesen ist, ist es prinzipiell auch der Tod nicht mehr. In der "säkularen" Gesellschaft lassen sich

---

4 Zit. nach: Andreas Kuhlmann, special: Sterbehilfe. Reinbek 1995, S. 73.

5 Norbert Hoerster, Ethische Überlegungen zur Sterbehilfe. http://www.gknp.de/singer7.-htm; eingesehen am 12. 03. 2002.

Tod und Leben sinnvoll nur noch vom Leben selbst her bestimmen." Soweit der Ankündigungstext. Die DGHS kommentiert stolz: "Die DGHS ist Teil dieser weltoffenen, säkularen Gesellschaft"[6].

Das rechtliche Verhältnis, das Patienten gegenüber den Ärzten "Autonomie" sichert, wird zur ontologischen Größe.

Aber auch in die Theologie hat der Gedanke der "Selbstbestimmung" Einzug gehalten. So schreibt der niederländische Theologe Harry Kuitert, ein Befürworter aktiver Sterbehilfe:

> "Das Recht auf Leben und das Recht auf Sterben ist der Kern der Selbstbestimmung, es ist ein unveräußerlichtes Recht und schließt die Freiheit ein, selbst über das Wann und Wie unseres Endes zu entscheiden, anstatt diese Entscheidung anderen oder dem Ausgang des ärztlichen Eingriffs zu überlassen"[7].

Der deutsche Theologe Hans Küng begründet in seinem Buch "Menschenwürdig sterben" die Selbstbestimmung theologisch:

> "Mit der Freiheit hat Gott dem Menschen auch das Recht zur vollen Selbstbestimmung gegeben"[8].

Selbstbestimmtes als "schönes" Sterben

Ohne religiöse Weihen kommen auch die säkularen Befürworter der Sterbehilfe nicht aus.

Schildern sie Siechtum und Sterben mit den schlimmsten Bildern, wird das vermeintlich "selbstbestimmte" Sterben seltsam verklärt, ja öffentlich inszeniert. Der Tod – auch der brutale Erstickungstod durch Zyankali oder Plastikbeutel - wird zur "Erlösung".

Werden Siechtum und langsames Sterben mit allen Attributen des Schreckens versehen, wird der Tod selbst aller seiner Schrecken entkleidet und verklärt. "Der Sinn des Daseins vollendet sich in seinem Ende. Der Tod - das große Geheimnis:

---

6 Humanes Leben-Humanes Sterben (Verbandszeitschrift der DGHS) 3 (1999).

7 Harry M. Kuitert, Der gewünschte Tod. Euthanasie und humanes Sterben. Gütersloh 1991, S. 69.

8 Walter Jens / Hans Küng, Menschenwürdig sterben. Ein Plädoyer für Selbstverantwortung. München/Zürich 1995, S. 60.

Kein Verenden, sondern die Vollendung," jubelt Hans Küng[9]. Die Schweizer Sterbehilfeorganisation "Exit" inszenierte in den Medien den Tod der Schriftstellerin Sandra Paretti, die sich 1994 aufgrund einer Krebserkrankung das Leben nahm. In der Neuen Zürcher Zeitung erschien eine selbst verfasste Todesanzeige:

> "Ich hatte ein leichtes und schönes Leben. Wie eine Mozart-Symphonie führte es geradewegs in ein leichtes und schönes und von Ungeduld funkelndes Finale"[10].

Auch die Hospizbewegung ist in ihrem Bestreben, Sterben aus dem gesellschaftlichen Abseits zu holen, manchmal nicht frei von dessen Verklärung, so ist bei Franco Rest, einem verdienstvollen Gegner der aktiven Sterbehilfe, zu lesen:

> "Also ist Sterben ein kostbar Ding, weniger erschütterndes Schicksal als vielmehr Geschenk, in welchem sich das biographisch-individuelle Leben verdichtet. Hätten wir unser Sterben nie entwickelt, hätten wir auch nie gelernt zu lieben. Denn Liebe ist Loslassen. Loslassen, Sterben ist das Gewürz der Liebe"[11].

Selbstbestimmung und Menschenwürde

"Ich möchte mein Leben in Ruhe und Würde beenden", sind manche Patientenverfügungen überschrieben. Die "Würde" Sterbender wird dabei oft mit "Selbstbestimmung" gleichgesetzt, ja, Selbstbestimmung kann ein Synonym für Würde werden.

Forderungen nach dem "Recht auf den eigenen Tod" bleiben daher nicht auf schwerste Schmerzen leidende, sterbende Menschen beschränkt, sondern können sich auf Depressionen, psychische Krankheiten, schwere Behinderung und Demenz ausgedehnt werden. Wie leicht die angebliche Autonomie manipulierbar ist, mag ein Zitat aus dem Buch von Hans Küng zeigen:

> "Aber wäre es auch Willkür, wenn ein Mensch, der sein ganzes langes Leben hindurch redlich gearbeitet und für andere gewirkt hat, am Ende aber...von einer Tumorerkrankung oder vielleicht jahrelanger seniler De-

---

9 Küng, op.cit., S. 34.

10 Kuhlmann, op.cit., S. 77.

11 Franco Rest, Sterbebegleitung statt Sterbehilfe. Damit das Leben auch im Sterben lebenswert bleibt. Freiburg, Basel, Wien 1997, S. 134.

menz, totaler Alterssenilität, bedroht ist, (um Sterbehilfe bäte) und sich von seiner Familie bei Bewusstsein würdig verabschieden möchte"[12]?

Hier bestimmt ein alter, abgearbeiteter Mensch vorgeblich selbst, in "Würde", d.h. einem bestimmten Bild von sich selbst getreu, seinem Leben ein Ende zu setzen. Aber birgt diese vermeintliche Autonomie nicht subtile Fremdbestimmung bereits in sich? "Wir wollen sie so im Gedächtnis behalten, wie wir sie kennen," pflegen sich Verwandte und Nachbarn gerne einem Besuch im Pflegeheim oder Krankenhaus zu entziehen. Nicht nur ein qualvoller Tumor, auch eine Demenz, Pflege- und Betreuungsbedürftigkeit, die Verantwortung der Familie für den jetzt unbrauchbar gewordenen Arbeiter drängen zum angeblich "selbstbestimmten" Sterben. Nicht der drohende Tod, sein Anblick als leidender oder dementer Mensch, ja letztlich er selbst als Leidender ist das Ärgernis, das ausgelöscht werden soll. "Würde" besitzt der alte Mann nach diesem Zitat, wenn er vorzeitig sein Leben beendet. Damit wird ihm aber als leidendem, altersschwachen, sich und die Umwelt vergessenden Menschen die Würde abgesprochen. Küngs Buch zeigt exemplarisch, wie leicht sich der Kreis der Betroffenen ausweiten lässt: Es beginnt mit erschütternden Einzelfällen, um über das genannte Beispiel des Arbeiters schließlich einem dement gewordenen Professorenkollegen, der sein Leben durch gelegentliches Verlassen des Heimes verbunden mit nächtlichen Kneipentouren durchaus lustvoll zu gestalten weiß, letzte "Lebensqualität" abzusprechen, weil die Leute über den alt gewordenen Wissenschaftler lachen[13].

Kritik der "Sterbehilfe"

In der deutschen Diskussion wird der Forderung nach "aktiver Sterbehilfe" mit Argumenten begegnet, die ich in vier Aspekte unterteilen möchte.

12 Küng, op.cit., S. 60.

13 Küng, op.cit., S. 209.

Das theologische Argument: Gottgewolltes Sterben?

Gegen das "Recht auf den Tod" und eine Selbstbestimmung, die auch aktive Tötung mit einschließt, argumentieren Kirchen und Hospizbewegung mit der Unverfügbarkeit menschlichen Lebens. "Meine Zeit steht in Gottes Händen" ist die Patientenverfügung der bayerischen Landeskirche überschrieben. Die "Christliche Patientenverfügung" argumentiert:

> "Weil wir nicht selbst frei über unser Leben und schon gar nicht über das Leben anderer verfügen, lehnen wir jede aktive Beendigung des Lebens ab."

Dieses Begründung wird von Kritikern mit dem Hinweis auf eine säkulare, multi-optionale Gesellschaft, in der die Kirchen als eine Religionsgemeinschaft unter anderen keinen Einfluss auf eine staatliche Gesetzgebung in Anspruch nehmen dürften, abgeblockt. Die christliche Ethik wird zur Privatmeinung, der Christen und Christinnen folgen können, die aber keine gesellschaftspolitische Bedeutung haben dürfe. Sieht man von diesem jede Diskussion aushebelnden Einwand, deren Vertreter/innen die Autorität kirchlicher Würdenträger gerne auf "Expertenkommissionen" übertragen, einmal ab, ist die genannte Argumentation auch theologisch problematisch. In der Praxis wird – z.T. von den Kirchen akzeptiert - in weiten Bereichen des Lebensanfangs und des Lebensendes eingegriffen, geforscht und experimentiert. Empfängnisverhütung, künstliche Befruchtung, pränatale Diagnostik und in Zukunft vielleicht sogar Eingriffe in das Erbgut geben vor, menschliches Leben "planbar" zu machen, sowie vielfältige medizinische Möglichkeiten andererseits den Tod hinauszögern können. War in einer Zeit des ungebrochenen Glaubens in die Naturwissenschaften Gott das Eckchen des "Unerklärlichen" reserviert worden, wird ihm jetzt die letzte Rolle es Lebensbeenders zugestanden, während ganz andere Herren das Leben regieren.

Auch wird ein Bild vom "natürlichen" Tod vorausgesetzt, den es angesichts der heutigen medizinischen Entwicklung nicht mehr gibt. Wo es die Möglichkeit der Lebensverlängerung gibt, müssen Menschen selbst entscheiden, ob sie diese in Anspruch nehmen wollen oder nicht.

Das historische Argument: Die deutsche Vergangenheit

Als vordringliches Argument gegen eine Legalisierung der aktiven Sterbehilfe wird der Hinweis auf die deutsche Vergangenheit - die Morde an behinderten und alten Menschen in der NS-Zeit - angeführt. Undifferenziert auf die niederländische Entwicklung angewandt zielt diese Argumentation allerdings an ihrem eigentlichen Anliegen vorbei. In dem niederländischen Gesetz geht es nicht um die Tötung "lebensunwerten" Lebens, sondern um Tötung auf Verlangen bei unheilbar kranken Patienten. Der Verweis auf die deutsche Euthanasiepraxis ist ein pauschales Argument, das jede weitere Diskussion blockiert und dem niederländischen Anliegen nicht gerecht wird.

Dennoch kann der Hinweis auf die nationalsozialistische Ideologie und Praxis nicht einfach als "deutsches Trauma", das es endlich zu überwinden gelte, abgetan werden. Es ist zu bedenken, dass die Forderung nach "selbstbestimmten Sterben" historisch von Anfang an mit der Frage der Belastung durch die Kranken verbunden war - in Deutschland wurde diese Diskussion 1895 durch die Broschüre "Das Recht auf den Tod" des Göttinger Studenten Adolf Jost eingeläutet, in der auch der "Wert" des Kranken für die Gesellschaft diskutiert und die Tötung "nutzloser" Geisteskranker in deren eigenem Interesse erwägt wurde. Auch das NS-Regime wagte es nicht, die Tötung behinderter Menschen offen zu propagieren - diese wurde in der Öffentlichkeit mit dem Ideal des "selbstbestimmten", "sanften" Todes verklärt. Der Propagandafilm "Ich klage an" zelebriert dieses sanfte Sterben als Trinken eines tödlichen Medikaments, umgeben von Freunden und bei leiser Klaviermusik, um dem Dahinsiechen als "Fleischklumpen" zuvorzukommen. Der daraufhin wegen Mordes angeklagte Ehemann und Arzt verteidigt sich in einem Schlussplädoyer vor Gericht: "Ich klage an. Eine Rechtsordnung, die verlangt, dass der unheilbar Kranke, sich sinnlos mit seinen Schmerzen zu Tode quälen muss, ohne die Möglichkeit einer wohltätigen Erlösung"[14]. Natürlich sagt auch der alte Oberförster aus, der seinen alt gewordenen geliebten Jagdhund "erlöst" hat und diesen Weg auch Menschen eröffnen möchte. Die Folgen dieser "menschenfreundlichen" Argumentation sind bekannt.

Das Folgen abwägende Argument: Dammbruch

Das niederländische Gesetz will zunächst Dämme errichten, indem es die Straffreiheit aktiver Sterbehilfe an feste Bedingungen bindet. Bereits kurz nach Verabschiedung des Gesetzes zeigen diese Dämme Risse: Wie ist der rein subjektiv gebundene Begriff "unerträglich" im Rahmen eines Gesetzes zu interpretieren und welche Befindlichkeiten umfasst "Krankheit"? Schon wird diskutiert, ob

14 Zit. nach: Cordelia Spaemann, Ich klage an. Spielfilm. Deutschland 1942. In: Robert Spaemann / Thomas Fuchs, Hg., Töten oder sterben lassen? Freiburg 1997, S. 7-11; S. 11.

nicht auch als unerträglich erlebte psychische Erkrankungen wie Depressionen in diesen Krankheitsbegriff miteinbezogen sein sollten und ob nicht auch eine Tötung aufgrund der Angst vor dem Fortschreiten einer dementiellen Erkrankung erlaubt sein müsse. Bereits 1994 hatte in den Niederlanden der "Fall Chabot" Aufsehen erregt, als ein Psychiater einer aufgrund des Todes ihrer Söhne unter schweren Depressionen leidenden Frau aktive Sterbehilfe leistete und mit einer Verwarnung davonkam, ebenso wie der Euthanasietod eines Ex-Politikers aufgrund von Lebensüberdruß 1998. Der Vorschlag einer "Todespille" für sterbewillige alte, aber nicht sterbenskranke Menschen durch die niederländische Gesundheitsministerin ist ein weiterer Schritt in dieser Entwicklung.

Das pragmatische Argument : Palliativmedizin

Präses Kock und weite Teile der Hospizbewegung setzen dem niederländischen Gesetz die Forderung nach einer Verbesserung der Palliativversorgung in Deutschland entgegen. Diese Argumentation ist so richtig wie zu kurz greifend.

Es ist also notwendig und richtig, die Bevölkerung über die Möglichkeiten der Palliativversorgung aufzuklären und auf ihre Berücksichtigung in der ärztlichen und pflegerischen Aus- und Fortbildung hinzuwirken, denn viele Sterbewünsche gehen auf die Angst vor Schmerzen bzw. auf reale, schwerste Schmerzen zurück. Doch ist eine einfache Relation "mehr Schmerztherapie- weniger Todeswünsche" eine zu simple Lösung. Untersucht man die Motive, warum Menschen ihr Leben beendet sehen wollen, haben niederländische Untersuchungen ergeben (1996)[15]:

"Aussichtsloses und unerträgliches Leiden"	74 %
Entwürdigung	56 %
sinnloses Leiden	44 %

Diese Motive wurden mehrheitlich noch vor der Furcht vor Schmerzen (32%) genannt. Bei den genannten Befürchtungen geht es auch um die Qualität von Beziehungen - "Sinnlosigkeit" und "Entwürdigung" sind subjektive Empfindungen, die aber immer auch in einem Beziehungsgeflecht oder sozialen Kontext stehen. Es sind Beziehungen, die eben nicht "aussichtslos" sondern gestaltbar sind. Der

15 Van der Maas, P.J./ van Delden, J.J.M. et. al. Euthanasia, physician-assisted suicide, and other medical practices involving the end of life in the Netherlands, 1990-1995. In: New England Journal of Medicine 335, S. 1699-1705.

Wunsch zu sterben enthält auch einen Beziehungsappell, die Frage nach dem Sinn des eigenen Lebens und denn Wunsch nach Zuwendung.

Kritik der Selbstbestimmung

Selbstbestimmung und Fremdbestimmung

Das Beharren auf das "Selbstbestimmungsrecht" des Menschen übersieht, dass jeder menschliche Willensakt in biographische, gesellschaftliche und wirtschaftliche Koordinaten eingebunden ist. Die Argumentation der "Selbstbestimmung" geht von einem Ideal aus, in dem der Mensch als Herr/in seines Schicksals fortwährend Entscheidungen trifft. Abgesehen davon, dass die entscheidendsten und tiefsten Momente im Leben sich jeder Planbarkeit entziehen, ist diese angebliche Souveränität ein Phantom wenn nicht eine üble Täuschung. Sie setzt das Bild eines aus jedem sozialen Kontext gelösten, souveränen Titanen voraus, der sehr wenig mit den real leidenden, verzweifelten oder bewusstlosen Menschen gemein hat.

Auch wenn Befürworter der aktiven Sterbehilfe ökonomische Motive vehement abstreiten, findet die Diskussion doch nicht in einem neutralen, Raum statt, sondern im Umfeld gravierender Einschnitte in das Gesundheitswesen, der Rentendiskussion und eines zunehmenden Fachkräftemangels in der Altenpflege. Aus der ge-wünschten Sterbehilfe kann in diesem Kontext rasch eine gesellschaftlich er-wünschte werden. Die Ausnahme wird zur Norm. Angesichts tausender registrierter Patientenverfügungen, begeisterter Leserpost zugunsten der Sterbehilfe, entsprechenden Statements in Talkshows und Spielfilmen wächst der Druck auf alte und kranke Menschen, Patientenverfügungen auszufüllen oder aktive Sterbehilfe zu akzeptieren. Angesichts des alle Lebensbereiche durchdringenden Primats der Ökonomie "Selbstbestimmung" ausgerechnet für das letzte Reservat der eigenen Todesstunde zu proklamieren, grenzt an Hohn.

Der konfektionierte Tod

Jede Gesellschaft hat eigene Vorstellungen des "guten Sterbens". Das heute noch weithin verbreitete Wunschbild eines schnellen "tot Umfallens", das in früheren

Epochen blankes Entsetzen hervorgerufen hätte, entspricht einer Gesellschaft, der "Beschleunigung" und "Erleben" wichtige Werte sind.

Aktive Sterbehilfe soll langes "Dahinsiechen" oder "Vegetieren" abkürzen, der chemische Tod wird dabei mitunter mit dem religiösen Begriff der "Erlösung" belegt. Sterbehilfeorganisationen zelebrieren in Zeitungsartikeln oder gar Videoaufnahmen den vorgeblich "sanften" Tod. Er wird in Parallele zu einer Narkose gesehen, in der der Patient plötzlich nichts mehr spürt. Er vollzieht sich schnell und "sauber". Auch frühere Generationen wünschten sich einen "sanften" Tod als angstloses Hinübergleiten, und solch ein Sterben ist jedem zu wünschen, doch es besteht die Gefahr, dass das Sterben durch die Möglichkeit der medikamentösen Tötung "konfektioniert" wird und Menschen um den "eigenen" Tod gebracht werden. Karl Fiala, der Held aus Werfels Kleinbürgernovelle stirbt "selbstbestimmt", d.h. langsam und für sein Umfeld fast nicht zu ertragen, da er den Stichtag seiner Lebensversicherung überleben und so seiner Familie das Auskommen sichern will.

Aus den Erfahrungen in der Sterbebegleitung wissen wir, dass Sterbende, wenn sie nicht durch äußere Mittel daran gehindert werden, ihr Sterben im Innersten selbst bestimmen: Sie wissen plötzlich ihren Todeszeitpunkt voraus, zögern auch bei scheinbarer Bewusstlosigkeit das Sterben über einen bestimmten wichtigen Zeitpunkt wie etwa den Hochzeitstag, die Geburt des Enkelkindes hinaus. Diese innere Uhr gilt es wieder bewusst zu machen.

Dabei ist nicht jedes Sterben gleich: einem lebenslang kämpferischen Menschen wird ein Kampf mit dem Tod vielleicht gerechter als ein passives "Einschläfern" (eine Metapher, die im übrigen lahm gewordene Arbeitspferde und kranke Hunde assoziieren lässt). Es muss auch ein Recht auf einen länger dauernden Sterbeprozess, ein langsames Dahindämmern geben, auch wenn dies nicht dem Ideal des kommunizierenden, erlebnis- und genussfähigen Menschen entspricht.

Die Würde Sterbender

Die christliche Lehre von der Rechtfertigung besagt, dass jeder Mensch unabhängig von jeder eigenen Leistung vor Gott als "gerecht" gilt und Würde besitzt. Dies geht vielleicht leicht von den Lippen, ist in persönlichen leben jedoch manchmal schwer nachzuvollziehen. Viele Menschen betrachten den Verlust ihrer Unabhängigkeit als Verlust ihrer Würde. Unverfügbare Würde heißt aber auch, dass menschliche Würde auch nicht an Selbstbestimmung, Verstand, Bewusstsein gebunden ist. Der "dahinsiechende", "vor sich hin dämmernde", nur noch "vegetierende" Kranke bevölkert die Dokumente, die sich ein "selbstbestimmtes Sterben" aussprechen. Mit diesen Bezeichnungen aber wird den leidenden Menschen bereits die Würde genommen, indem sie zu Pflanzen degradiert werden.

Die unverfügbare Würde des Menschen ist durchaus durch andere Menschen antastbar.

Wie das angebliche Selbstbestimmungsrecht alter und sterbender Menschen sich selbst ad absurdum führt, zeigt die Begründung des Züricher Stadtrats, der der Sterbehilfeorganisation EXIT den Zugang zu Alters- und Krankenheimen gestattet hat:

> "Der Autonomie urteilsfähiger Menschen sei Priorität einzuräumen. ... (Durch die Zulassung von EXIT) erfolge eine Gleichstellung der Heimbewohner mit älteren Menschen, die in einer Privatwohnung leben und sich entschließen, Suizid zu begehen"[16].

Man muss nichts mehr in und zugunsten der Heime tun, damit ein alter Mensch sich dort wohl fühlt und gerne lebt, solange er sich durch Selbstabschaffung allem entziehen kann.

Die Behauptung, schon die Tatsache der Abhängigkeit allein - durch Krankheit und Pflegebedürftigkeit - bedeute einen Verlust der Menschenwürde, verlagert eine soziale Problematik in das Individuum allein, das dadurch zusätzlich gedemütigt wird. Nicht die Tatsache der Abhängigkeit raubt dem Menschen die Würde (sonst kämen wir schon ohne Würde auf die Welt!), sondern deren Gestaltung. Wenn wir "Inkarnation" theologisch ernst nehmen, beinhaltet dies auch die Abhängigkeit Gottes: er muss als Kind ernährt, gebadet, erzogen werden, braucht Menschen, die mit ihm in der Not wachen, seinen Leichnam salben und sein Grab aufsuchen. Abhängigkeit ist keine Schande sondern Merkmal menschlichen Lebens! Deswegen "dürfen" alte und kranke Menschen "anderen zur Last fallen"! Wo mitmenschliche Fürsorge nur noch als "Last" gedeutet wird, berauben sich Menschen des wichtigsten Merkmals ihrer Menschlichkeit.

---

16 NZZ, 19.01.2001.

Leiden und Sinn

"Sinnloses Leiden" wird als ein Grund für den Wunsch nach Sterbehilfe genannt. "Sinnlos" und "Leiden" werden dabei oft in einem Atemzug genannt, "sinnloses Leiden" erscheint fast als Tautologie. Dies ist sicher als Protest gegen eine religiöse Überhöhung des Leidens, seine Erklärung aus der Sündhaftigkeit des Menschen oder neuerdings schlechtes Karma verständlich. Mit der engen Konnotation wurde aber zugleich jeder möglichen Sinnfindung im Leiden die Berechtigung abgesprochen. Die "Sinnlosigkeit" des Leidens kann dabei leicht zur Sinnlosigkeit der Existenz des Leidenden werden. Die Möglichkeit einer aktiven Sterbehilfe kann leicht die Definitionsgrenzen des "sinnlosen" Leidens erweitern, wobei sich die Frage nach "Sinn" und "Sinnlosigkeit" nach der subjektiven Einschätzung der noch Gesunden richtet.

Zu Weihnachten habe ich in einem badischen Pflegeheim ausgeholfen. Ich habe mich zu drei Frauen, die "nichts mehr mitkriegen" an den Tisch gesetzt und drei Stunden lang "nichts gemacht". Die Ruhe, die die Frauen vermittelten und schließlich ein schüchterner Berührungsversuch haben mir in meiner üblichen weihnachtlichen Depression geholfen - welcher gesunde Mensch kann das schon von sich behaupten. Anderen flüchtigen Besuchern wäre das stundenlange, stumme am Tisch Sitzen dieser Menschen vielleicht als "sinnlos" erschienen.

Leidende Menschen sind ärgerlich - auch darin kann Sinn liegen. "Mit wäre es lieber, wenn du mich erwürgtest, der Tod ist besser als ein solches Leben! Ich habe es satt, ich will nicht weiter kämpfen" (Hiob 7,15-16).Schärfer als jede Publikation der DGHS schildert unsere biblische Tradition das völlig sinnlose Leiden Hiobs, das Resultat einer Wette ist. Der Kranke lässt sich seine Leiden weder theologisch schön reden noch folgt er dem Rat seiner Frau, rasch zu sterben. Er findet bei aller Sinnlosigkeit den Sinn, in seiner Person gegen das Leid zu protestieren. "Ich wollte, jemand schriebe alles auf, dass meine Worte festgehalten würden, mit einem Meißel in den Fels gehauen, mit Blei geschwärzt, damit sie ewig bleiben!" (Hiob 19,23-24). Er nimmt sich das Recht, ein Ärgernis zu sein. Sterbende Menschen haben das Recht, ein Ärgernis, zu sein. Sie zeigen, was Menschsein auch bedeutet.

Selbstbestimmung – Selbstlosigkeit

Eine "Selbstbestimmung bis zuletzt" - ob durch eine Patientenverfügung versprochen oder durch aktive Sterbehilfe gewährleistet - ist eine Illusion. Sterben ist ein radikaler Einbruch in die Normalität und Planbarkeit des eigenen Lebens. Ein Sterbender demonstriert öffentlich, dass er keine "Autonomie" mehr über seinen Körper, seine Sinne, manchmal über seinen Geist mehr besitzt. Der Begriff "Selbstbestimmung" wird da gefährlich, wo er diese Tatsache leugnen oder beseitigen will und mit "Menschenwürde" gleichgesetzt wird. Das "Selbst" wird dann als letzte Bastion verteidigen.

Kommt es nach Luther darauf an, das eigene Selbst loszulassen und in Christus und die Gemeinschaft der Lebenden und Toten zu versenken, wird in der neuen Sterbekunst hartnäckig an diesem "Selbst" festgehalten, das eben nicht auf die mystische Gemeinschaft, sondern die eigene Autonomie vertraut. Ein Kranker, der im Mittelalter ohne Möglichkeiten auf Heilung in einem Spital gepflegt wurde, konnte sich als letzte Hilfe in ein Passionsbild wie etwa den Isenheimer Altar versenken. Dies beseitigte seine Krankheit nicht, aber er konnte sich selbst und seine Entstellung im Bild des entstellten Gottessohnes aufgehoben wissen. In dieser Identifikation sah er sich in eine große Geschichte Gottes mit den Menschen eingereiht, er trug am Leiden Gottes in der Welt mit. Die Versenkung in das Sinnbild menschlichen Leidens vereinte ihn mit den anderen bekannten und unbekannten Leidenden auf der Welt. Wenn der Tod die absolute Beziehungslosigkeit ist, so wurde in dieser Versenkung Beziehung gestiftet.

Ich möchte hier nicht ein selbst konstruiertes Bild des Mittelalters verklären. Es zeigt aber eine andere Möglichkeit der Bewältigung der Todesangst auf: nicht ein Festhalten am eigenen selbst, sondern ein Versenken, ein Von-sich absehen das aber gleichzeitig zu einer Erweiterung dieses selbst in die Gemeinschaft aller leidenden und kranken Menschen einmündet, zuletzt in Christus selbst - den gekreuzigten und den dennoch auferstandenen.

Es gibt ein Leben vor dem Tod!

Diese genannten theologischen Einwände wären scheinheilig, wenn ihnen keine Taten folgten. Als Kirche und Diakonie setzen wir uns dafür ein, Menschen im Sterben, nicht zum Sterben zu verhelfen. Hierzu gehört einmal der Ausbau der palliativen Versorgung in Deutschland und eine öffentliche Aufklärung über Formen der Schmerzbekämpfung wie die Förderung der Hospizarbeit.

Die vielen in der Hospizbegleitung engagierten Ehrenamtlichen dürfen aber nicht zum Alibi werden, sterbende Menschen wiederum Spezialistinnen und Spezialisten zu überlassen. Das Sterben findet mitten in unseren Gemeinden statt und muss dort begleitet werden. Es wäre verhängnisvoll, wenn die Sterbebegleitung als "Spezialdienst" wie andere hoch spezialisierte Hilfeformen der Diakonie wiederum aus den Gemeinden auswanderte und ihre "Selbstverständlichkeit" verlöre.

Es darf keine Sterbeorte erster und zweiter Klasse geben, sondern wir müssen parallel zur ambulanten Versorgung die Lebens- und Sterbekultur unserer Krankenhäuser und Pflegeheime weiter und besser entwickeln.

Es gibt ein Leben vor dem Tod! Das Ernstnehmen der Altersdepressionen, die oft mit einem Sterbewunsch einhergehen, Wohn- und Lebensformen für demente alte Menschen, die deren Integrität sichern helfen, können Präventionen vor dem Wunsch nach aktiver Sterbehilfe sein.

Wir müssen dabei so realistisch sein, zuzugeben, dass es manchmal wirklich auswegslose Situationen gibt. In Anerkennung unserer Grenzen können wir leidende Menschen in dieser Situation nur begleiten, sie nicht im Stich lassen, ihr Leiden zu lindern versuchen – die "Todesspritze" dagegen stellt eine Kapitulation und Flucht in eine scheinbar einfache Lösung dar und löst das Problem menschlichen Leidens eben nicht.

Theologische Literatur zum Weiterlesen:
- Gunda Schneider-Flume, Was heißt: Menschenwürdig sterben? In: Diakonie der Versöhnung. Ethische Reflexion und soziale Arbeit in ökumenischer Verantwortung. FS Theodor Strohm. Heidelberg 1998, S. 365-374.
- Jahrbuch für Biblische Theologie 15 (2000): "Menschenwürde". Neukirchen 2001

Roswitha Kottnik

"Ich habe dich bei deinem Namen gerufen, du bist mein." (Jesaja 43, Vers 1)

Predigt zur Tagung

Liebe Tagungsgemeinde,
"Ich habe dich bei deinem Namen gerufen, du bist mein." Jesaja 43, Vers 1, so steht es über unserer Tagung. Zu Beginn des Gottesdienstes haben wir Namen gehört, viele Namen, auch unseren eigenen Namen.

Ich bin viel unterwegs zu Sitzungen und Gesprächen und habe für die langen Fahrten im ICE immer ein Buch bei mir, meistens einen Krimi, der mich nach aufregenden Sitzungen so schön beruhigt. Der Krimi, den ich gerade bei mir habe, auch auf der Fahrt hierher nach Arnoldshain, trägt den Titel "Die Tote ohne Namen". Eine junge Frau wird ermordet, aller Kleidung, aller Identifikationsmöglichkeiten beraubt. Die Gerichtsmedizinerin versucht mit ihrem Kollegen von der Polizei herauszufinden, wer die Tote war. Während beide die Tote untersuchen, sagt der Polizist: "Komm, geben wir ihr einen Namen, ich kann es nicht leiden, wenn einer keinen Namen hat!" Und dann geben die beiden dieser jungen, toten Frau einen Namen, den Namen Jane. "Ich kann es nicht leiden, wenn einer keinen Namen hat."

Der Name ist mehr als nur eine Aneinanderreihung von Buchstaben. Er verbindet sich mit uns. Er gehört ganz zu uns, ist Teil unserer Identität. Wer seine Identität verleugnen will, wer sich nicht zu erkennen geben will, ändert nicht zuletzt auch deshalb seinen Namen. Wie wichtig es ist, einen Namen zu haben, das wird schon auf den ersten Seiten der Bibel klar. Da steht ganz am Anfang im Buch Mose, als Gott die Welt geschaffen hatte, alle Pflanzen, alle Tiere und die Menschen, da brachte Gott alles, was er hatte, zum Menschen. Der Mensch sollte schauen, wie er sie nennte: "Denn wie der Mensch jedes Tier nennen würde, so solle es heißen." Alles braucht einen Namen, um vertraut zu sein, um eine Beziehung aufbauen zu können. So spricht auch das Wort im Prophetenbuch Jesaja. Da spricht Gott, der sein Volk geschaffen hat: "Fürchte dich nicht, denn ich habe dich erlöst, ich habe dich bei deinem Namen gerufen, du bist mein." Wie gut tut das, wenn einer mich bei meinem Namen ruft! Gerade dann, wenn ich voller

Ängste bin, wenn ich einsam bin, wenn ich das Zutrauen zu mir verloren habe. Diese Kapitel im Jesaja-Buch, zu denen auch dieser Vers gehört, haben einen ganz besonderen Namen, diese Kapitel werden "Das Trostbuch von der Erlösung" genannt.

Es waren damals unruhige Zeiten, kriegerische Zeiten, Flucht und Vertreibung, Wiederrückkehr, weil sich der politische Wind gedreht hatte. Und in diesem großen politischen Weltgefüge so ein kleines Völkchen, eher Treibsand im Hinblick auf die große Politik. Durchgangsland für kriegerische Auseinandersetzungen zwischen Persien und Ägypten, fast verloren und ausgeliefert. Und dann dieser Zuspruch: "Ich habe dich gerufen, ich habe dich bei deinem Namen gerufen." Das heißt: Ich sehe dich, ich erkenne und kenne dich.

Das brauchen wir wohl alle ganz individuell. Um uns in dieser Welt zurechtzufinden, müssen wir wissen, wer wir sind. Muss ich wissen, wer ich bin. Es ist ja gar nicht so einfach, diese Welt anzunehmen. Je sensibler ein Mensch ist, desto länger braucht er um in dieser Welt Fuß zu fassen. Mancher empfindet diese Aufgabe, Fuß zu fassen, geradezu als Zumutung. Ist diese Welt denn wirklich soviel Vertrauen wert? Ist sie nicht eher ein Meer des Leides? Ist sie nicht voll unbegreiflicher Banalitäten und vollzieht sich unser Leben nicht als eine Folge armseliger Kompromisse? Heißt diese Welt annehmen nicht auch, ihre Oberflächlichkeit anzunehmen? Ist es nicht am Ende und vor allem anderen die seltsame, fremde Leiblichkeit, die zu bejahen und zu bewohnen eigentlich so unzumutbar erscheint? Immer wieder nehmen sich Menschen das Leben, ohne dass ein erkennbarer Grund vorläge, ohne dass irgendeine seelische Krankheit oder Gefährdung erkennbar wäre.

Das Leben findet für viele, die sich mit ihm abgefunden haben, in der Tat nicht zwischen Himmel und Hölle in einer erträglichen Mittellage statt, sondern oft sehr nahe der Hölle und sehr ferne dem Himmel. Ist man für irgend jemand nötig? Wird man gebraucht? Und wenn man, wie es unzähligen Menschen heute geschieht, nirgends gebraucht wird, und überall nur zu den vielen gehört und gar nicht wahrgenommen wird? Dem Wunsch, nicht geboren zu sein, da man doch keine Lücke hinterließe, wenn man fehlte, sind viele gefährlich nahe, und es berührt uns fast wie etwas aus einer anderen Welt, wenn Matthias Claudius singen kann:

Ich danke Gott und freue mich
wie's Kind zur Weihnachtsgabe,
dass ich bin, bin! Und dass ich dich,
schön menschlich Antlitz habe.

Also, dass ich einen Namen habe, dass ich ein Name bin." Wir sollen Menschen sein und die Erdhaftigkeit und Leiblichkeit unseres Menschenlebens bejahen, das heißt aber auch alle Torheit und Schwäche, alle Armut und Bosheit, die offenbar nicht auszurotten sind. Woher nehmen wir die Gewissheit, dass es sinnvoll ist, diese Erde und das Leben gutzuheißen? Es gibt wohl keinen anderen Grund als die herabsteigende Güte Gottes. Er ruft uns bei unserem Namen: "Ich habe dich bei deinem Namen gerufen, du bist mein!"

Das gibt Sicherheit und Stärke. Weil ich weiß, ich bin Gott wichtig, kann ich auch für andere wichtig werden. Vielleicht haben wir selbst keine Behausung, in der wir geborgen sind. Vielleicht haben wir an aller Verlassenheit der anderen teil. Aber das schließt nicht aus, dass wir anderen zur Zuflucht werden können. Dass wir selbst oft genug ungeborgen sind, hindert uns doch nicht daran, Geborgenheit zu schaffen.

Es ist fast so etwas, wie eine Liebeserklärung Gottes: "Weil du in meinen Augen so wert geachtet und auch herrlich bist und weil ich dich lieb habe." – so steht es ein paar Sätze weiter im Jesaja-Buch. Sich da hineinfallen zu lassen, das gibt Mut zum Leben und zum Sterben. Vielleicht deshalb, weil doch viele Menschen aus dieser Geborgenheit herausfallen, wird der Ruf nach Verrechtlichung und Gesetzesregelungen am Lebensende immer lauter. Wo statt des Namens Anonymität herrscht, wird der Wunsch, Gesetze zur Absicherung zu machen, immer lauter. Aber ich denke, dass es nur gelingt, diesen Ruf wieder verstummen zu lassen, dass dies nur gelingt, wenn diese Wertschätzung des Einzelnen wieder sichtbar wird, ja gelebt wird.

Ich glaube, dass durch Hospiz dieser Schatz neu gehoben wird, Vertrauensverhältnisse können sich neu entwickeln. Die Hoffnung, dass es gelingt, wird nicht aufgegeben, und dazu gehört nicht zuletzt die Hoffnung.

Die Hoffnung, von der Marie-Luise Kaschnitz in wunderschönen Bildern spricht:

Glauben Sie fragte man mich
An ein Leben nach dem Tode
Und ich antwortete: ja
Aber dann wusste ich
Keine Auskunft zu geben
Wie das aussehen sollte
Wie ich selber
Aussehen sollte
Dort

Ich wusste nur eines
Keine Hierarchie
Von Heiligen auf goldenen
Stühlen
Sitzend
Kein Niedersturz
Verdammter Seelen
Nur
Nur Liebe frei gewordne
Niemals aufgezehrte
Mich überflutend

Kein Schutzmantel starr aus
Gold
Mit Edelsteinen besetzt
Ein spinnwebenleichtes
Gewand
Ein Hauch
Mir um die Schultern
Liebkosung schöne Bewegung
Wie einst von tyrrhenischen
Wellen

Wie von Worten die hin und
her
Wortfetzen
Komm du komm

Schmerzweb mit Tränen besetzt
Berg- und Talfahrt
Und deine Hand
Wieder in meiner
So lagen wir lasest du vor
Schlief ich ein
Wachte auf
Schlief ein
Wache auf
Deine Stimme empfängt mich
Entlässt mich und immer
So fort.

Mehr also, fragen die Frager
Erwarten Sie nicht nach dem
Tode?
Und ich antworte
Weniger nicht.

Leben, lieben, antworten und beim Namen gerufen werden, auch am Ende, das wünsche ich uns allen. Amen.

Dorothée Ebels

Türen[1]

Abendsegen

Für heute abend ist vorgesehen, daß ich den Segen spreche.

Während der Vorbereitung überlegte ich mir, den Segen mit dem Thema *Türen* in Verbindung zu bringen - aus diesem Grunde liegen bzw. lagen vor Ihnen Postkarten mit Variationen, teilweise aufgrund von Nachschubproblemen auch Fenster dazu.

Türen; warum Türen?

Türen bedeuten Übergänge, von einem Raum in einen anderen, von draußen nach drinnen und umgekehrt - im übertragenen Sinne bedeuten sie auch Übergänge von Tages- oder Lebensabschnitten.

Türen vermitteln Ein- und Ausblicke, laden zum Eintreten ein oder lassen uns an der Schwelle verweilen. Offene *Türen* offenbaren z.B. über die Ausstattung Grundhaltungen des darin Wohnenden, geben Raum für Fantasie, lösen Gefühle und Stimmungen in uns aus. Wir kennen alle die Betrachtung aus einer *Tür* heraus als Perspektivwechsel. Oder wie steht es mit der Frage "Ist die *Tür* zu deinem Herzen noch offen?"

Türen verschließen Räume, verdecken, verbergen das dahinter Liegende. Manche Sache ist auch für uns abgeschlossen - daran wollen oder müssen wir nicht mehr rühren.

Türen; warum Türen?

Sie gehen täglich durch viele *Türen*. In der Regel sind es immer dieselben: die in Ihrer Wohnung oder in Ihrem Haus, die an Ihrem Arbeitsplatz, die bei den Menschen die Sie betreuen. Fallen Ihnen jetzt welche ein? Warum fallen Ihnen gerade diese ein?

Für dieses Wochenende sind Sie etwas aus Ihrem Alltag ausgebrochen. Sie haben heute Ihre Wohnung, Ihr Haus verlassen und sind hierher nach Arnoldshain gekommen. Haben Sie als erste/erster oder als letzte/letzter Ihre Wohnung

---

1 Nach Barbara Röpert in: DFA, Meditation-Einstimmung-Besinnung.

verlassen? Ist jemand zu Hause geblieben? Haben Sie die *Tür* fest verschlossen, vielleicht zusätzlich gesichert? Welches Gefühl hatten Sie dabei?

Sie kamen hierher auf das Gelände. Haben Sie gleich die richtige *Türe* gefunden? Erinnern Sie sich noch an die Eingangstür, war sie offen oder verschlossen? Sind Sie schon öfter durchgegangen oder war es das erste mal? Welches Gefühl verbinden Sie mit Ihrer Ankunft?

Dann die *Türen* hier zum Tagungsraum: was erwartet Sie dahinter? Welche Einblicke werden Sie erhalten? Werden Sie für sich Antworten finden, eventuell *Türen* verschliessen können? Oder öffnen sich neue Perspektiven und damit neue Räume?

Türen wie auf den Postkarten geben unterschiedliche Signale, sie können Hinweise auf das dahinter liegende geben. *Türen* verbinden eine Außenwelt und eine Innenwelt. Offene, halboffenen, geschlossene *Türen*, verzierte, brüchige, geschmückte, verfallene *Türen* können

- Abwehr oder Schutz,
- Abweisung oder Hoffnung,
- Ausgrenzung oder Geborgenheit bedeuten.

Sie können

- Eigentumsrecht, Besitzerstolz, Schönheitssinn oder Heimatgefühl vermitteln,
- aber auch Anonymität, Gleichgültigkeit, Aggression oder Entfremdung.

Sie stehen im übertragenen Sinne für die Gefühle und Haltungen denen wir täglich bebegnen. Und ehrlich - manche geschlossene *Tür* weckt doch unsere Neugierde, oder?.

Obwohl die *Türe* hier im Tagungsraum jetzt geschlossen ist, ist die in Ihrem Herzen bereits offen. Denn Sie sind bereit, sich hier dem Thema "Trauer und Trösten in der hospizlichen Arbeit" zu widmen, sich also mit sich selbst und anderen auseinanderzusetzen, Sie gehen aufgeschlossen auf sich selbst und Ihre Nächsten zu.

Für die vor uns liegenden Tage wünsche ich uns allen, daß wir die *Türen* entdecken, die wir für uns und unsere Arbeit benötigen. Und so wie über vielen alten *Türen* und Toren mittels Symbolen oder Sinnsprüchen der Segen Gottes erbeten wird, erbitte ich ihn für uns in diesen Tagen und für diese Nacht.

Als Abendsegen habe ich für uns ausgewählt den Text *"Laß mich in Frieden schlafen"* von Dietrich Bonhoeffer[2], allerdings Umformulierung in Plural:

> Herr, mein Gott, ich danke dir, daß du diesen Tag zu Ende gebracht hast,
> ich danke dir, daß du Leib und Seele zur Ruhe kommen läßt.
> Deine Hand war über (mir) uns und hat (mich) uns behütet und bewahrt.
> Vergib allen Kleinglauben und alles Unrecht dieses Tages und hilf, daß (ich) wir allen vergeben, die (mir) uns Unrecht getan haben.
> Laß (mich) uns in Frieden unter deinem Schutz schlafen und bewahre (mich) uns vor den Anfechtungen der Finsternis.
> Ich befehle dieses Haus und alle Teilnehmer/innen, ich befehle die Meinen, meinen Leib und meine Seele für die kommende Nacht unter deinen Schutz und Trost und Segen.
> Gott, dein heiliger Name sei gelobt.

2 Evangelisches Gesangbuch der EKHN, Nr. 855.

Suzanne van Lohuizen

Dossier: Ronald Akkermann[1]

SIE Daß du im Zimmer allein bist. Deinem eigenen Zimmer. Daß du gerade von dem Begräbnis zurückkommst. Daß du vor Erleichterung am liebsten tanzen und schreien und singen möchtest. Daß du das nicht tust.

ER Weil du dazu zu anständig bist.

SIE Weil du weißt, daß du nicht singen, sondern heulen wirst wie ein Schloßhund.
Daß du den Mantel aufhängst.
Daß du Kaffee in den Filter tust und das Wasser durch laufen läßt.
Daß du Musik einschaltest, um die Stille nicht zu hören.
Daß du das Dossier aus der Tasche nimmst.

ER Daß du in deiner Tasche ein Päckchen Gauloises findest, das du dich nicht erinnern kannst, eingesteckt zu haben.

SIE Daß du notierst: Am 6. Mai 1994 ist Ronald Akkerman, 34 Jahre alt, an den Folgen von Aids gestorben. Der Tod trat nach Verabreichung einer Dosis von 10 ml Fentanyl ein. Der Patient hatte darum wiederholt und bei vollem Bewußtsein gebeten.

ER Ruhige, kraftvolle Buchstaben. Gute Handschrift.

SIE Daß du das Gefühl hast, du erstickst.

ER Und daß dann, sehr leise, die Tür aufgeht.

SIE Du erwartest niemand.

ER Und daß er dann hereinkommt.
Ein wenig abwesend. Ein wenig zerstreut.

SIE Ronald?
Daß dir eiskalt wird.
Ronald?

---

1 aus dem Niederländischen von Jochen Neuhaus

ER He. Nachtigall.
SIE Er nannte mich immer Nachtigall.
Ich habe das gehaßt.
Also du bist es.
ER Allerdings.
SIE Was machst du hier?
ER Ich suche meine Zigaretten. Sie lagen auf dem Nachttisch.
Ich dachte: Das paßt zu Nachtigall, sie mitzunehmen.
SIE Ich kann mich nicht erinnern.
ER Gauloises. Schau, da liegen sie.
Nicht schwindeln, Nachtigall.
SIE Ich heiße Judith.
Daß du willst, daß er geht. Daß du Angst hast.
Daß du denkst, du wirst verrückt.
ER Du hast doch nichts dagegen, daß ich rauche?
SIE Rauch dich nur zu Tode.
ER Werd nicht schnippisch, Nachtigall.
Ich fand es ein schönes Begräbnis. Du?
Alle waren gekommen. Sogar Pa. Hatte ich nicht erwartet.
Alter Dickschädel. Er sah nicht gut aus. Müde. Alt geworden.
Nicht nichts. Wenn du deinen eigenen Sohn beerdigen mußt.
Wie er da stand, zwischen all den Schwuchteln. Zum Totlachen.
SIE Hör auf damit, bitte.
ER Daß du dich umdrehst, um ihn nicht zu sehen.
Und daß er dann einfach wieder vor dir steht.
SIE Was willst du eigentlich?
ER Freust du dich nicht, mich zu sehen?
SIE Ehrlich gesagt, nein.
ER Gut so, Nachtigall. Aufrichtigkeit geht vor. Macht nichts.
Die Wahrheit muß gesagt sein. Auch wenn es nur der Wahrheit wegen ist.
Ich schon. Ich freue mich, dich zu sehen.
Du bist schön, weißt du das?
Du bist schöner, als ich dachte.
SIE Wie schmeichelhaft. Du hast mich nie angeschaut.
ER Vergiß nicht, daß ich beinahe blind war.
SIE Beruhige dich, Judith. Es ist nichts. Du hast eine schwere Zeit
hinter dir. Vielleicht war es alles zuviel. Es ist nichts.
ER Für mich warst du ein Schatten, der durchs Zimmer huschte.

Ein Schatten in einem Kittel.
Wie konnte ich wissen, dass du so viele Sommersprossen hast?

SIE Rühr mich nicht an!

ER Keine Angst. Halluzinationen sind nicht ansteckend.

SIE Geh jetzt. Geh jetzt augenblicklich.

ER Ich bin gerade erst gekommen. Möchtest du Kaffee?.

SIE Daß er Tassen nimmt.

ER Milch und Zucker?

SIE Daß er Kaffee einschenkt.
Daß du ihn ansiehst und denkst: Das habe ich ihn nie tun sehen.

ER Weil er es, als du zu ihm kamst, es schon nicht mehr konnte.

SIE Daß du weißt, daß du auf einmal sicher weißt, daß es ihn gibt.
Daß es ihn immer geben wird.
Daß er ein Teil von dir geworden ist.

ER Während es genau das ist, was du, koste was es wolle,
verhindern wolltest. Zucker und Milch?

SIE Ja.

ER Paß auf. Er ist heiß.

SIE Du nimmst die Tasse. Du hältst sie mit beiden Händen fest.
Solange du kannst. Dann läßt du sie fallen.
Sie zerbricht in tausend Scherben.

ER Aber nicht doch, Nachtigall. So kenne ich dich gar nicht.

SIE Er geht in deinem Zimmer herum, als hätte er das schon immer getan.

ER Ja. Hübsche Wohnung. Fröhlich. Bunte Vorhänge. Eine Vase mit Blumen.
Alles gut gepflegt. In Ordnung. Dachte ich mir schon. Immer gedacht: Diese
Nachtigall, die hat es geschafft. Die weiß, wo es langgeht. Die kriegt
kein Aids. Dazu ist sie viel zu anständig. Stimmt's?
Es sind doch nur schlechte Menschen, die Aids kriegen?

SIE Er nimmt die Todesanzeige.

ER Am 6. Mai 1994 hat Ronald Akkerman den Kampf gegen
Aids aufgegeben.
Wir sind alle sehr traurig.
Du auch, Nachtigall.
Gib es ruhig zu. Du auch.

SIE Du betrachtest deine roten Hände.

ER Du weinst.
He, Nachtigall, du weinst.

SIE Nenn mich nicht Nachtigall!
ER Seltsam. Wie lange kennen wir uns nun schon.
Es ähnelt ja beinahe einer Ehe.
Oder?
SIE Wenn du das eine Ehe nennen willst.
ER Zugegeben, nicht eine der besten. Wir waren verurteilt
Zueinander und ich kann nicht so gut mit Frauen, weißt du.
SIE Du hebst die Scherben auf.
Du sagst: Ja, das weiß ich.
ER Aber wir konnten gut miteinander streiten.
Ist auch was wert.
SIE Warum bist du um alles in der Welt gekommen?
ER Wer weiß?
Um noch ein wenig zu zanken?
Für, wie soll ich sagen, für meinen. Seelenfrieden?
SIE Kümmert sich jemals jemand um meinen Seelenfrieden?
Du bist gestorben.
Ich habe mich um dich gekümmert, und du bist verdammt
noch mal gestorben.

ER Warum hast du es getan?
SIE Was?
ER Dich um mich gekümmert.
SIE Es ist meine Arbeit.
ER Das finde ich nun so fabelhaft an dir. Deine Professionalität.
Diese deine unausstehliche Professionalität.
SIE Du wohntest in meinem Stadtbezirk.
ER Habe ich eben Glück gehabt.
SIE Keiner wollte. Jeder hatte Angst.
ER Du nicht.
SIE Ich auch.
Dick war wütend.
Er wollte, daß ich es ablehne. Er wollte nicht, daß ich gehe.
Wir hatten Pläne. Wir hatten vor, zu heiraten.
Wir wollten ein Kind.
Auf einmal wollte er damit warten. Er fand es unverantwortlich.
Ich fand das lächerlich.
Ich durfte es der Familie nicht sagen. Oder seinen Freunden.

Am liebsten hätte er es mir verboten.
Ich sagte: Du hast mir nichts zu verbieten.

ER Das erste Mal, als du hereinkamst.
Das hochgesteckte Haar. Die Nadel, die alles zusammenhalten mußte.
Tat das nicht weh? Dein Haar zog fast die Haut vom Kopf.
Das Lächeln.
Dieses von-mir-wirst-du-nichts-erfahren Lächeln.
Dies Mir-macht-das-nichts-aus.
Ich-finde-das-ganz-normal.
Ich-finde-Aids-ganz-normal.
Ich-finde-Homos-ganz-normal.
Ich-kenne-sie-zwar-nicht-aber-ich-finde-sie-ganz-normal.
Dieses Lächeln.
SIE Ich war nervös. Wundert dich das?
ER Ja, das wunderte mich.
SIE Und weiter?
ER Du hättest dich sehen sollen.
Das erste was du machtest.
SIE Ich machte Tee.
ER Du hast Plastikhandschuhe angezogen.
Und einen Kittel.
Du hast einen Mundschutz umgebunden.
Du sahst wie ein Marsmännchen aus.
Und dann, ja dann hast du Tee gemacht.
SIE Das waren die Vorschriften.
ER Angst kann man riechen, weißt du das?
Ich habe dich gehaßt. Von Anfang an.
SIE Das wußte ich bereits.
Bist du fertig?
ER Noch nicht.
SIE Ich schon.
ER Und du hast mich gehaßt. Stimmt es, Nachtigall?
SIE Was ich vor allem haßte, war deine gottverdammte Arroganz.
ER Natürlich. Wer stirbt, muß seinen Platz behaupten.
Du warst die erste Krankenschwester, die regelmäßig kam.
Du warst der Anfang vom Ende.
SIE War es meine Schuld, daß du krank geworden bist?

ER War es vielleicht meine?
Gib Antwort, Nachtigall. Es war meine Schuld, stimmt's?
Normale Leute kriegen kein Aids.
Normale, anständige Leute, die aufpassen, haben es nicht nötig, unbedingt mit Hinz und Kunz zu bumsen.
Und wenn sie es dann wirklich nicht lassen können, gebrauchen sie normale, anständige Kondome. Stimmt's?
Homos sind nun einmal unnatürlich.
Zuviel Sex ist sowieso unnatürlich.
Und ungesund. Das zeigt sich nun wieder mal.
Selber schuld. Stimmt's?

SIE Das habe ich überhaupt nicht gesagt.

ER Du hast es gedacht. Du hast das alles gedacht.
Gib es zu, Nachtigall.
Du sagst nichts.

SIE Was willst du denn, verdammt noch mal, das ich sage?

ER Vor drei Jahren starb Leo.
Eineinhalb Jahre, bevor ich krank wurde.
Natürlich haben wir uns oft gefragt, ob ich auch angesteckt war.
Ich wollte es nicht wissen.
Ich mußte für uns beide die Kraft haben, weiterzumachen.
Manchmal wünschte ich fast, auch krank zu werden.
Dann wollte ich überhaupt nicht mehr vorsichtig sein.
Ich wollte mit ihm mit. Ich wollte fühlen, was er fühlte.
Ich wollte so wie er sein.
Zwei Monate nach seinem Tod ließ ich mich testen.

SIE Du willst nicht zuhören, aber du hörst zu.

ER Als ich das Ergebnis gehört hatte, setzte ich mich im Park auf eine Bank. Ich sah den Enten zu. Die Sonne glitzerte auf dem Wasser. Ich dachte nichts. Überhaupt nichts.
Ich saß einfach da.
Ein Mädchen fuhr auf ihrem Fahrrad hin und her.
Sie fiel hin. Sie schürfte sich im Kies die Knie auf.
Sie weinte herzzerreißend. Ich schaute zu ihr hin.
Ich hätte sie trösten können. Ich tat nichts.

SIE Du siehst, wie Asche von seiner Zigarette fällt.

ER Kennst du das? Das Leben ist ein Film geworden. Du gehörst

nicht dazu. Ich war Zuschauer. Und ich versuchte, das so
lange wie möglich andauern zu lassen. Es beruhigte mich.
Ich fühlte nichts. Das war angenehm.
Mein Gott, ja. Das war angenehm.

SIE Du siehst, wie Asche von seiner Zigarette fällt.

ER Natürlich hielt ich das nicht durch.
Ich wurde wütend. Wütend und verzweifelt.
Mein Leben war so nicht beabsichtigt, kapierst du? Wenn ich
jemals einen Augenblick gedacht hatte, auch sterben zu wollen,
dann wußte ich jetzt sicher, daß das nicht stimmte.
Mein Gott. Nie habe ich mich so verraten gefühlt.
Ich wurde, was ich nie gewesen war.
Ich suchte den Abschaum. Den Rand des Abgrunds.
Ich forderte die Welt heraus.
Ich bumste an jeder Ecke.
Ich war schön, weißt du.
Damals war ich noch schön. Wo immer ich die Hose
aufmachte, gingen die Männer in die Knie. Wenn es vorbei
war, drehte ich mich um und ging weg, ohne sie auch nur
eines Blickes zu würdigen.

SIE Ich brauche das alles nicht zu hören.

ER Habe ich dich schockiert?
Ach, Nachtigall.

SIE Daß es für den anderen gefährlich war, kam dir nicht in den Sinn?

ER Du bleibst eine blöde Ziege, weiß du?
Das also ist das einzige, woran du denken kannst.
Wie vergiftet ich war. Wie ansteckend.
Mach dir keine Sorgen.
Ich habe mich immer fein säuberlich an die Regeln gehalten.
Doch zufällig wollte ich auch noch was.
Ich wollte leben. Verrückt, was?
Ich wollte das Leben leben, solange es noch ging. Ich wollte
haben, was mir zustand.
Und ich wollte vor allem nicht an Leo denken.

SIE Und? Hat es geholfen?

ER Mal ja, mal nein.
Ich hatte meine Arbeit. Ich arbeitete mehr denn je.

ER Und dann, eines Tages, dann merkst du es.
Daß du schlechter siehst.
Daß du vielleicht blind werden könntest.
Es beginnt mit einem Auge. Das Bild wird unscharf. Fleckig.
Daß du das zuerst nicht kapierst.
Daß du denkst: Ich brauche eine Brille.
Das Gefühl, daß du nicht. scharf einstellen kannst. Daß die Linse beschlagen ist.
Ich hatte nicht erwartet, daß es so anfangen würde. Ich war darauf nicht vorbereitet. Ich wußte nicht, daß ich sofort zum Arzt hätte gehen müssen. Als ich ins Krankenhaus kam, war es fast zu spät.

SIE Ich weiß. März 1993. Cytomegalovirus

ER Du weißt, was geschah. Aber weiß du, was es ist?
Wenn du keine Zeitung mehr lesen kannst.
Keinen Artikel mehr schreiben kannst.
Wenn du nicht mehr nach deinem Glas greifen kannst.
Dein Brot nicht mehr streichen kannst.
Wenn du über deinen eigenen Stuhl stolperst.
Hattest du davon eine Ahnung?
Als du mit deinen Taschen voller Sachen unterm Arm hereinkamst?

SIE Was dachtest du denn?
Was glaubst du eigentlich? Du mit deiner erlesenen Krankheit.
Daß du der einzige bist?
Leute werden krank, weißt du? Sie kriegen MS oder einen Gehirnschlag oder einen Herzinfarkt.
Und dann benötigen sie Hilfe.
Ja. Zufällig warst du mein erster Aidspatient.
Vielleicht hatte ich keine Ahnung. Vielleicht wußte ich nicht, wie scheußlich es war. Oder noch werden sollte.
Das gab dir nicht das Recht, mich zu verachten.

ER Ich habe dich nicht verachtet.

SIE Du hast getan, als existierte ich nicht.

ER Ich hatte genügend Leute, die mir helfen wollten.
Der Nachbar kaufte für mich mit ein. Meine Schwestern kamen und kochten.
Einmal in der Woche kam meine Mutter, um die Wohnung zu putzen. Ich hatte Freunde.

Die mich kannten. Denen ich keine Erklärung schuldig war.
Ich wollte keinen Fremden.
Ich konnte viel noch selbst tun.
Nur diese verdammte Infusion.

SIE Eine halbe Stunde pro Tag.

ER Zweimal eine halbe Stunde.

SIE Wenn ich hereinkam, schwiegen alle.
Deine Mutter genierte sich, weil du nicht mit mir reden wolltest.

ER Wo hätte ich anfangen sollen?
Bei Adam und Eva?
Mein Gott. Die halbe Welt hat Aids und du hattest der Einfachheit halber beschlossen, daß es meine eigene Schuld war.

SIE Das Medikament schlug an. Die Infektion ging weg

ER Ja ich erblindete nicht völlig, also konnte ich von Glück reden.
Wenn ich nicht zu müde war, gelang es mir beinahe, ein normales Leben zu führen.
Mit Hilfe eines Diktaphons und mit Unterstützung der Kollegen versuchte ich sogar, wieder zu arbeiten.
Leider vertrug ich das AZT, das ich bekam, nicht mehr.
Die Dosierung mußte reduziert werden.
Ich bekam Lähmungserscheinungen.
Kribbeln in Händen und Füßen
Eines Nachts fiel ich hin, als ich aufs Klo wollte. Meine Beine wollten nicht mehr. Es kostete mich größte Anstrengung, wieder ins Bett zu kommen.
Ich wurde für eine Bluttransfusion eingewiesen.
Du trafst eine Reihe von Vorkehrungen. Das Krankenhausbett, das ins Wohnzimmer gestellt wurde- Die Krücken. Der Nachtstuhl. Mappen voller Vorschriften und Ratschläge.
Du sprachst von einem Rollstuhl.

SIE Du warst beleidigt. Böse.

ER Als Leo starb, hatte ich mir vorgenommen:
Wenn es mich je erwischen sollte, setze ich mich in keinen Rollstuhl. Nie. Eher mache ich Schluß.

SIE Mein Gott. Ich wollte dir helfen.
ER Ja. Das gab dir den Kick. Du wolltest die perfekte Krankenschwester sein. Das war die Glanzrolle, die du dir für dich ausgedacht hattet.
Mit mir als Statisten.
Du wußtest ganz genau, wie es ablaufen mußte.
Du wußtest, wie du leben mußtest.
Und wie ich zu sterben hatte.
Du hattest so viele Ideen.
Tut mir leid. Tut mir wirklich leid, daß ich nicht in dein Weltbild paßte.
SIE Du hast in deinem Bett gesessen wie der Schah von Persien.
Fernbedienung für den Fernseher, fürs Video,
für den CD-Player. Am liebsten hättest du auch noch eine Fernbedienung für die Leute um dich herum gehabt.
Deine Schwestern, deine Mutter, deine Freunde.
Alle hattest du für dich auf Trab gebracht.
ER Sie taten es nur allzu gern.
SIE Andauernd war was.
Stehen meine Pantoffeln unter dem Bett?
Hat Edwin noch angerufen, oder Peter?
Wo ist mein Rasierapparat?
Ich will den gestreiften Pyjama nicht. Ich möchte den blauseidenen.
Wann kriege ich meinen Orangensaft?
Lies mir aus der Zeitung vor. Die Todesanzeigen.
Kenn ich jemanden davon?
Die Wissenschaftsbeilage. Steht nichts drin über ein neues Medikament?
Ganz oben auf deiner Liste stand, ob deine Zigaretten auch wirklich auf dem Nachttisch lagen.
Nie ein Danke schön. Oder: Wie geht es dir eigentlich?
Kein Wunder, daß es keiner von ihnen aushielt.
ER Du schon.
SIE Ich schon, ja.
ER Du hattest dein Verantwortungsgefühl.
Und dein Pflichtbewußtsein.
Und deine hohen, hohen Ansprüche an Professionalität.

SIE Die du bis zum äußersten provoziertest.
ER Doch du hast durchgehalten.
Bis zu jenem Morgen.

ER Du kamst damals bereits drei Monate. Jeden Morgen pünktlich um neun Uhr.
Das Geräusch des Schlüssels im Schloß.
Die Tür, die aufgeht.
Dein heiteres Berufslächeln', das deiner Stimme anzuhören war.
Wie geht es heute, Ronald?
Nicht gut. Schlecht, Schwester. Schlecht. Ich sterbe, weißt du?
Sonst ist alles in Ordnung.
Du eiskalt, professionell.
Mach es nicht schwieriger, als es ist, Ronald.
Was wußtest du denn?
Du wußtest ja noch nicht, was los war.
Daß ich, mein Bett vollgeschissen hatte.
Daß ich bereits drei Stunden lang in meiner eigenen Scheiße lag.
Daß ich keine Kraft hatte, aufzustehen, um meinen Arsch zu waschen.
Daß ich nicht anders konnte, als dich knurrend wie ein räudiger Hund auf Abstand halten.
Weißt du, was Scham ist?
Es ist eine Gnade des menschlichen Erinnerungsvermögens, daß niemand mehr daran denken braucht, wie seine Mutter seine letzte Scheißwindel erneuerte.
Niemand. Außer mir.
Es stinkt hier, sagtest du. Du hast ein Fenster geöffnet.
Ja, es stinkt hier. Ich liege hier in meinem eigenen Dreck und warte darauf, daß es der gnädigen Frau beliebt, mich sauber zu machen.
Du hast die Decke zurückgeschlagen. Du hast dich in Sekundenschnelle wieder beherrscht.
Das effiziente Hin und Her deiner Schritte.
Ich hörte Wasser in einen Eimer laufen.
Ich hörte die Schrank-tür aufgehen.
Du legtest Bettwäsche bereit.

Beeile dich ein bißchen, verdammt noch mal.
Du suchtest einen sauberen Pyjama.
Welchen möchtest du, den blauseidenen oder den gestreiften?
Mir egal. Ist mir scheißegal.
Du hast Handschuhe angezogen.

SIE Du sagtest: Schade um dein Diplom.
Hättest gleich zur Müllabfuhr gehen können.

ER Kurz war es totenstill. Kein effizientes Hin und Her mehr.
Kein Geraschel der Handschuhverpackung. Dann stelltest du
mit Krach den Eimer ab und liefst aus dem Zimmer.

SIE Ich nahm meinen Mantel.

ER Ich schrie: Hilf mir. Schwester, hilf mir bitte.
Ich flehte. Ich wand mich. Ich heulte.
Der Rotz lief mir aus der Nase.

SIE Ich wollte weggehen.

ER Aber du kamst zurück. Du nahmst den Eimer und hast mich gewaschen.
Ganz vorsichtig drehtest du mich auf eine Seite. Du rolltest
die verschmutzten Bettücher zusammen. Du legtest neue auf.
Du hast meine Beine gewaschen, meinen Rücken, meinen
Hintern. Das Wasser war warm. Angenehm warm.
Du putztest meine Nase. Ich roch Seife.
Ich wollte heulen. Ich tat es nicht.
Du rolltest mich auf die andere Seite.
Verschmutzte Bettücher weg, saubere an ihre Stelle.
Du hast mich wieder gewaschen.
Ich hatte nicht geglaubt, jemals wieder sauber zu werden.
Aber ich wurde sauber.
Weißt du, was so verrückt ist, Nachtigall?
Von diesem Augenblick an begann ich, an dir zu hängen.

SIE Davon hast du dir allerdings wenig anmerken lassen.

ER Ich wartete darauf, daß du kamst.
Die gemessenen Schritte.
Die schnippische Stimme.
Und die Hände, die mich wuschen.
Die Diarrhöe dauerte Wochen. Ich wurde von Tag zu Tag
schwächer. Ich konnte nichts mehr alleine.

SIE Ich glaubte, du würdest sterben.

ER Sie glaubten alle, ich würde sterben.

Jeder ließ sich wieder sehen.
Ist dir das schon mal aufgefallen?
Jeder drängelte sich um den letzten Atemzug.
Ich wurde keinen Augenblick allein gelassen.
Tag und Nacht saß jemand an meinem Bett.
Und jeder wollte übers Abschiednehmen reden und über annehmen und friedlich sterben.
Ich wollte nicht friedlich sterben.
Ich wollte überhaupt nicht sterben.
Und das letzte, was ich wollte, war, darüber reden.
Du redetest nie mit mir. In dieser Zeit kamst du dreimal am Tag, aber geredet hast du nicht.
Wie geht es heute, Ronald?
Aber ich brauchte nicht zu antworten.
Wenn ich antwortete, hörtest du nicht zu.
Für dich war es klar.
Diagnose Aids, und dann ist es noch eine Frage von Kissen aufschütteln und Hintern waschen.

SIE Dachtest du.

ER Einmal hast du meine Hoden gewaschen.
Ich bekam einen Steifen.
Ich konnte nicht sehen, ob du rot wurdest.
Bist du rot geworden?

SIE Du stehst da noch immer mit dem Schwamm in der Hand. Du möchtest ihm den Schwamm ins Gesicht schmeißen. Du beherrschst dich. Du gehst in die Küche.
In der Küchentür drehst du dich um.
Du schreist: Ja! Ja, ich wurde rot!
Wenn es das ist, was du wissen möchtest.
Scher dich zum Teufel. Scher dich gefälligst zum Teufel.
Du spülst den Schwamm unterm Hahn aus.
Du möchtest nicht heulen.
Du machst dir mit den Händen das Gesicht naß.
Das kalte Wasser tut dir gut.
Du trocknest dich mit dem Geschirrtuch ab.
Du wartest lange.
Bis du wieder ruhig bist.
Bis du denkst, er wird nun sicher weg sein.

Du gehst ins Zimmer zurück.
SIE Er ist nicht weg.
Er steht da und blättert in einem Fotoalbum.
ER Alle glaubten, ich würde sterben, und du fuhrst in Urlaub.
Sehr zu recht. Du kannst nicht wegen jeder Kleinigkeit
deine Pläne ändern.
SIE Laß die Finger von meinen Sachen.
ER Herbsturlaub 1993. Mit Dick in den Ardennen. Fünf Tage
schlechtes Wetter. Trotzdem Spaß gehabt.
Lange Spaziergänge im Nebel.
SIE Laß das, sag ich.
ER Verirrt im strömenden Regen.
Stundenlang einen wilden Bach entlang gelaufen.
Schließlich doch überquert.
Alles naß.
Dick leert das Wasser aus seinen Stiefeln.
Ist das Dick? Hübscher Junge. Gut gebaut.
Gehört nicht zur Risikogruppe, sieht man sofort.
SIE Ich, finde dich widerlich.
ER Allerdings, so was weiß man nie sicher.
sich, aufwärmen am offenen Kamin.
Ich in meinem Schlafsack auf dem Sofa.
Handtuch um meine nassen Haare.
Dick macht in der Miniküche Knackwürstchen heiß.
Viel im Bett gelegen.
Viel miteinander geschlafen?
SIE Viel gelesen.
ER Sieht gemütlich aus.
SIE Und viel miteinander gestritten.
ER Gestritten? Aber nicht doch, Nachtigall.
SIE Warum sagst du das? Das wolltest du doch gar nicht sagen.
Er hat damit nichts zu tun.
ER Doch nicht so viel Spaß gehabt?
SIE Der Urlaub sollte uns wieder versöhnen.
Dick hatte das arrangiert.
Er versprach sich viel davon.
ER Aber?
SIE Ich brauchte eigentlich keinen Urlaub.

Ich war dazu nicht aufgelegt.
Wenn ich Dick betrachtete, wie stark er war und wie gesund,
dann fand ich das - ich weiß nicht - unehrlich.

ER Das finde ich aber schön von dir.
Daß du trotzdem noch ab und zu an mich dachtest.

SIE Ich wollte es nicht. Ich wollte nicht an dich denken.
Konnte ich verdammt noch mal verhindern, daß du starbst?
Aber immer sah ich dich vor mir, wie du so dalagst.
Der Gedanke, alles könnte vorbei sein, wenn ich zurückkehrte.
Daß ich dich im Stich gelassen hatte.
Der Urlaub ging daneben.

ER Ich wartete auf deine Rückkehr.

SIE Als ich zurückkam, warst du alles andere als tot.
Es ging dir besser.
Die Darminfektion war abgeklungen,
und du erholtest dich schnell.

ER Ich hatte zugenommen.
Ich dachte, daß dich das freuen würde.

SIE Ich weiß nicht, ob mich das freute.
Wahrscheinlich schon, Kann sein.
Aber vor allem war ich böse.
Ich war wütend.

ER Ich hatte dir den Urlaub versaut und jetzt weigerte ich mich,
zu sterben.

SIE Ja.

ER Tut mir leid.

SIE Er blättert weiter im Fotoalbum.

ER Weihnachten bei Dicks Mutter.
Alle Geschwister unter dem Weihnachtsbaum.
Sie hat gern ihre Kinder um sich.

SIE Es war das letzte Weihnachtsfest mit Dick.

ER Es war meine letzte Weihnacht.

SIE Ich hatte keinen Dienst. Und ich hatte ein paar Tage zusätzlich
frei genommen.
Du warst in der Zeit bei deiner Schwester.

ER Wir taten so, als wäre ich überhaupt nicht krank.
Alle taten so.

Ich konnte mit Hilfe eines Stockes laufen.
Wir gingen zur Mitternachtsmesse.
Mit meinem vierjährigen Neffen Tjeerd.
Weihnachten im Schoße meiner Familie.
Wer hätte das gedacht?
Leo und ich, fuhren immer zum Wintersport. Nichts, was ihn so anwiderte, wie das pflichtschuldige Getue.
Ich fand es lustig. Ich hatte es nicht erwartet, aber ich fand es lustig.
Ich hatte für Tjeerd eine Kerze gekauft.
Einen Schneemann. Er freute sich darüber.
Beim Weihnachtsessen durfte er ihn anzünden.
Langsam sank er in sich zusammen.
Erst der Hut, dann die Augen.
Sie schmolzen und tropften herunter.
Schau, sagte Tjeerd. Der Schneemann weint, weil er stirbt.
Weinst du auch, Onkel Ronald?
Weil du stirbst?
Ich nahm in auf den Schoß. Ich sagte: Jawohl.
Manchmal muß ich darüber weinen.
Ich auch, sagte er.
Dann blies er schnell die Flamme aus.
Und dann haben wir alle gelacht.

SIE Du weißt nicht, was du sagen sollst.
Er blättert um.
ER Es sind nur noch wenige Seiten.
Dick an Sylvester mit Champagner.
Dick auf dem Eis in dem neuen Pullover, den ich ihm gestrickt habe.
Dick hockt vor den ersten Krokussen.
Dann bricht es ab. Nichts mehr.
Leere Seiten.
SIE Im Frühjahr ging es zu Ende.
ER Das hast du nicht erzählt.
SIE Haben wir uns jemals was erzählt?
ER. Natürlich nicht.
Eine richtige Krankenschwester trennt ihr Privatleben strikt

von ihrer Arbeit.

SIE Du lagst im Krankenhaus. Du hattest eine Gehirnhautentzündung. Die Ärzte waren überzeugt, du würdest nicht überleben. Ich, ich wollte dich nicht im Stich lassen.
Diesmal nicht.
Ich wollte dich besuchen.
Dick fand das lächerlich.

ER Nicht professionell.

SIE Der soundsovielte Krach.
Er verstand es einfach nicht.
Und ich hatte keine Lust mehr, es immer wieder zu erklären.
Es war mir bereits so deutlich geworden, wie verschieden wir waren.
Er legte den Schlüssel auf den Tisch und schmiß die Tür hinter sich zu.

ER Arme Nachtigall.

SIE Du brauchst mit mir kein Mitleid zu haben.

ER Im Ernst.
Du mußt einsam gewesen sein.

SIE Das war ich auch.
Du blätterst ein bißchen in den Papieren

ER Es war mein dritter Krankenhausaufenthalt.
Und ich bin wieder nicht gestorben.
Gib zu, sie kriegen mich nicht ohne weiteres klein.

SIE Dieses Mal war ich froh für dich, daß du dich erholtest.
Wirklich froh.

ER Ich kam wieder nach Hause.

SIE Als ich das erste Mal wieder zu dir kam, hast du mich gebeten, einen Rollstuhl zu bestellen.

ER Siehst du wohl?
Nichts Unbeständigeres als der Mensch.

SIE Du warst glücklich damit. Du warst stolz darauf.
Du wolltest, daß ich dich mit rausnahm.

ER Ich wußte, es würde mein letzter Frühling sein.

SIE Wir fuhren zum Park. Ich stellte dich an einen windgeschützten Platz. In die Sonne.

ER Ich sah Farben. Vage Flecken.
Ich sah ein Meer von Gelb.

SIE Es waren Narzissen.
Ich pflückte welche für dich.
ER Auf einmal mußte ich fürchterlich heulen.
SIE Ich versuchte, dich zu beruhigen.
ER Aber du heultest auch.

ER Nachtigall, was war das Schlimmste?
SIE Das Schlimmste war, daß ich anfing, dich zu lieben.
ER Ja, das war dumm von dir.
SIE Du warst so fröhlich.
Du machtest allerlei Pläne.
Du hofftest, daß du noch eine lange Reise machen könntest.
Nach Indien, das war dein größter Wunsch.
ER Und dann solltest du mitgehen. Um all die Medikamente
zu tragen.
SIE Jeden Samstag schautest du den Immobilienteil durch.
Du wolltest umziehen.
Du wolltest ein großes Haus außerhalb der Stadt. Eine Villa.
ER Wenn ich schon sterben mußte, dann wollte ich sterben
wie ein König.
SIE Vom Sterben sprachst du nie.
Du warst - du warst voller Lebenslust.
Ich bewunderte dich.
ER Du warst eifersüchtig auf mich.
SIE Es schien - als ob du plötzlich wußtest, wie du leben solltest.
Besser als wir.
Besser als ich.
ER Sag mal, du würdest dir beinahe wünschen, selbst
Aids zu haben?
SIE Sorry.
ER Schon gut.
SIE Du schienst glücklich.
Ich fragte mich, ob du wußtest, wie krank du warst.
ER Natürlich wußte ich das.
SIE Du hattest Tag und Nacht Hilfe.
Nachts eine Krankenschwester, über Tag jemanden
von der Sozialstation.
Deine Familie kam oft.

Du warst freundlich zu ihnen.
Du warst freundlich zu jedem,
nur nicht zu mir.

ER Jemand mußte die Schläge abfangen.
Du hattest die stärksten Schultern.

SIE Natürlich.
Ich hatte meine Professionalität.

ER Die ich so fabelhaft fand.

SIE Danke für das Kompliment.

ER Natürlich war ich freundlich zu jedem. Sie waren bekümmert.
Vergossen Tränen an meinem Bett.
Ich mußte es ihnen leicht machen.
Verstehst du? Du mußt ein bißchen ein netter Kranker sein.
Du hast keine Tränen vergossen.
Du hast es mir leicht gemacht. Du regeltest und organisiertest.
Strenge Linie.
Vorschriften, um sich daran zu halten.
Wer zu anstrengend war oder zu lange blieb, den setztest du vor die Tür.

SIE Darüber warst du dann sauer.
Immer fingst du Streit an.

ER Ich fand es angenehm, mit dir zu streiten. Es erleichterte mich.
Es gab mir das Gefühl, daß ich selber noch etwas zu sagen hatte.
Aber im Grunde war ich dir dankbar.
Ich hatte keine Energie mehr für die Schwierigkeiten mit meiner Familie. Oder meinen Freunden. Ich wollte, daß sie mich freigaben.

ER Einmal hatte ich einen Spatz. Die Katze hatte ihn erwischt.
Das Tierchen lebte noch, aber kaum mehr. Es legte sich ganz still auf den Rücken, die Beinchen in die Luft.
Und ich Blödmann, ich wollte es retten.
Ich nahm es in die Hände. Es versuchte, wegzufliegen.
Ich legte es in eine kleine Schachtel. Ich nahm es mit in mein Schlafzimmer. Die ganze Nacht piepste und flatterte es.
Ich faßte es vorsichtig an, um es zu beruhigen. Aber das machte es nur schlimmer.
Am nächsten Morgen ging ich aus dem Zimmer. Nur kurz. Als

ich zwei Minuten später zurückkam, war es tot. Zwei Minuten.
Gerade genug, um sich leise davonzumachen.
Das arme Tier.
Verstehst du?

ER Und ich mußte eine Menge regeln.
Das Begräbnis. Das war eine gute Idee, fandst du nicht, alle zu bitten, Narzissen mitzubringen?
Ich tat es für dich.
SIE Herzlichen Dank.
ER Ich mußte entscheiden, was mit meinen Sachen geschehen sollte.
Wer die CDs bekommt, die Bücher, die Bilder. Ich hatte eine Menge Bilder. Einige waren viel wert. Wenn du keine Kinder hast, muß du über alles nachdenken.
Mein Neffe Tjeerd bekam den Globus mit Beleuchtung.
SIE Er hat dir den Schneemann aufs Grab gesetzt.
ER Ich habe meinem Vater geschrieben.
Wir hatten uns sicher sechs Jahre nicht gesehen.
Pa, schrieb ich, es ist beinahe zu Ende. Vielleicht können wir einander noch die Hand geben, bevor es zu spät ist.
Er hat nicht reagiert.
Wußte ich wohl. Aber trotzdem.
SIE Er hat angerufen. Vorgestern im Büro.
ER Als es nicht mehr nötig war. Seltsamer Mann.
Und ich mußte Gespräche führen mit der Hausärztin.
Formulare ausfüllen. Eine Erklärung unterschreiben. Sie wollte mir helfen, aber nur ganz vorschriftsgemäß.
Ein zweiter Arzt kam mich besuchen.
Es beruhigte mich, zu wissen, daß das in Ordnung war.
SIE Ich will dir nicht mehr zuhören.
ER Du mußt. Du hast mir nie zugehört. Jetzt mußt du.
SIE Ich wußte nichts davon.
ER Niemand wußte davon.
Manche Dinge mußt du nun mal allein tun.

SIE Du konntest nicht mehr nach Indien fahren.
ER Im April bekam ich eine Lungenentzündung,

SIE Du hustetest Tag und Nacht.

ER Die Hausärztin wollte mich ins Krankenhaus einweisen. Ich habe sie gefragt, wie es mit meinen Chancen stünde. Sie machte mir nicht viel Hoffnung. Ich beschloß, zu Hause zu bleiben.

SIE Du wolltest niemanden mehr sehen.

ER Ich wollte nicht der Spatz sein.

SIE Deine Mutter rief jeden Tag an. Sie wollte dich wahnsinnig gern besuchen.

ER Ich konnte ihre Gegenwart nicht ertragen.
Immer wenn sie hereinkam, hätte ich heulen können. Wie ein kleiner Junge. Der probierte, tapfer zu sein, nachdem er seine Knie aufgeschlagen hatte.
Nicht weinen. Nicht weinen.
Es glückte. Bis du zu Hause warst. Bis du unter dem besorgten Blick zusammenbrachst.
Dann hatte sie dich, wo sie dich haben wollte.
Trösten, sanft in den warmen Armen wiegen, Pflaster drauf, Tränen abtrocknen, fertig. Dann hatte sie dich gerettet.
Jetzt konnte sie mich nicht mehr retten.
Zuletzt hatte ich nur noch dich.
Du wolltest mich nicht retten.

SIE Manchmal kam ich viermal am Tag.
Meine Kollegen machten sich Sorgen.
Sie fanden es viel zu schwer für mich.
Sie wollten, daß ich die Betreuung abgebe.
Ich tat es nicht.
Sie dachten, daß ich zusammenbrechen würde.
Sie bestanden darauf, daß wenigstens die Abenddienste von jemand anderem übernommen wurden.

ER Ich hatte am liebsten dich.
Sagte ich es dir nicht?
Ich war abhängig von dir geworden.

SIE Ich wollte, daß es zu Ende war.
Ich sehnte mich danach.
Mein Gott, wie sehnte ich mich danach.

ER Du wolltest mich los sein.

SIE Ich konnte es nicht mit ansehen.

Der röchelnde Atem.
Die Stille nach jedem Atemzug.
Und dann doch wieder der nächste.

ER Ich hatte das Gefühl, daß ich ersticken würde.
Und ich wusste auch, daß es so kommen würde.

SIE Du bekamst Sauerstoff. Das gab dir wieder Luft.

ER Der Morgen des sechsten Mai.
Ich hatte eine schwere Nacht gehabt.
Ich hatte kaum geschlafen.
Ich hatte gewartet, bis du da warst.
Die Nachtschwester war nach Hause gegangen.
Du gabst mir meine Medikamente.
Du gingst aus dem Zimmer, um die Post zu holen.
Als du weg warst, rief ich die Hausärztin an.

SIE Ich kam herein. Ich sagte: Da ist eine Karte für dich aus England. Von einem gewissen David.
Du lächeltest.
Ich wollte sie dir geben. Du nahmst sie nicht.

ER Nachtigall. Ich will nicht mehr.
Es hat keinen Sinn mehr.

SIE Du flüstertest. Ich konnte dich beinahe nicht verstehen.

ER Ich habe die Hausärztin angerufen. Sie kommt um halb zwölf.

SIE Ich verstand dich sofort.
Mich ergriff eiskalte Panik.

ER Ich möchte, daß du bei mir bleibst.

SIE Ich habe dir keine Antwort gegeben.
Ich habe dein Bett gemacht.
Ich habe dich gewaschen.
Ich habe den Blumen frisches Wasser gegeben und die Karte von David auf den Nachttisch gelegt.
Ich habe die Zigaretten in meine Tasche gesteckt.
Ohne es zu merken.
Ich habe meinen Kittel eingepackt, die Schachtel mit den Handschuhen, die Spritzen.
Ich habe bei dir gesessen und deine Hand gehalten.
Ich hörte auf deine Atemzüge.
Die aufhörten und wieder neu begannen.

Immer wieder.
Dann läutete es.
Ich habe die Tür für die Ärztin geöffnet.
Ich bin zu deinem Bett gelaufen.
Ich habe dich auf die Stirn geküßt.
Ich habe gesagt: Ich geh jetzt, Ronald.
Du sagtest: Tschüs Nachtigall.
Dann bin ich weggegangen.

ER Du gingst in den Park.

SIE Ich habe auf einer Bank gesessen und gedacht:
Jetzt sitzt die Ärztin an seinem Bett.
Sehr lang. Und sehr ruhig.
Jetzt fragt sie, ob Ronald es sicher wisse.
Jetzt nickt Ronald.
Jetzt öffnet sie ihre Arzttasche..
Jetzt gibt sie ihm die Spritze.
Vorsichtig zieht sie die Nadel aus seinem Arm.
Und jetzt wartet sie, bis der Atem aufhört.

ER Es dauerte nicht lange.

SIE Ich saß da mindestens drei Stunden.

ER Dann gingst du nach Hause.

SIE Ich schmiß die Tasche in die Ecke und habe sie bis heute nicht mehr in die Hand genommen.

ER Du hast frei genommen.

SIE Ich wollte niemanden sehen. Ich wollte keine Patienten.
Keine Kollegen, die schon immer sagten, daß ich zu wenig Distanz hätte. Keine Freunde.
Ich lag im Bett. Ich wollte nie mehr aufstehen.
Ich schlief nicht. Ich aß nicht.
Dauernd sah ich dich.
Und dauernd fragte ich mich, ob ich bei dir hätte bleiben sollen.

ER Du warst beim Begräbnis.

SIE Ja.

ER Du fühltest dich als Versagerin, nicht wahr, Nachtigall?
Du wolltest die perfekte Krankenschwester sein.
Florence Nightingale.

Aber als es darauf ankam, ließest du mich im Stich.
SIE Das ist gemein!
Du durftest mich nicht darum bitten. Darum nicht.
Ich konnte es nicht. Ich würde es nie können.
Wenn du dich auch nur einen Augenblick gefragt hättest, wer ich war, hättest du das gewußt.
ER Du wolltest mich tot haben.
Aber du wolltest es nicht tun.
Du wolltest deine Hände nicht schmutzig machen.
Plötzlich waren die Handschuhe nicht mehr ausreichend.
Ja, Nachtigall, die Ansteckung ist ekliger als du denkst. Die paar Aidsviren hältst du dir noch vom Leib. Drei Liter Chlor und ein Mundschutz.
Aber der ganze Rest. Das, was unter die Haut geht.
Was du mit keinen zehn Kitteln fernhalten kannst.
Daß das Leben nicht in Hochglanz ausgeführt ist.
Daß du dich, wie auch immer, schmutzig machst.
Daß du beteiligt bist. Mitschuldig.
Ich fand dich feig. Feig und scheinheilig.

SIE Daß du den Kopf auf die Arme legst und verzweifelt weinst.
Daß du sagst: Ich konnte es nicht. Ich konnte es einfach nicht.
Daß er auf dich zukommt. Daß er unbeholfen dein Haar streichelt.
ER Das weiß ich doch.
Und weißt du, sterben mußt du doch selber.
Dumm von mir, daß ich das gerade vergessen habe.
SIE Daß du aufschaust.
Daß du noch etwas sagen willst.
Und daß er dann plötzlich verschwunden ist.
Daß du da sitzt, in deinem leeren Zimmer.
Daß du auf die Kaffeeflecken in der Tischdecke schaust. Auf die Asche am Boden.
Auf die Dossierblätter, die überall umherliegen.
Daß du laut sagst: Tschüs Ronald.
ER Tschüs, Nachtigall.

Autorinnen und Autoren

Bejick, Urte
Dr., Referentin für theologische Grundsatzfragen
und Hospizarbeit, Diakonisches Werk der Evangelischen
Landeskirche in Baden e.V., Karlsruhe

Börgens, Sylvia
Dr., Psychologische Beratung, Universitätsklinik Gießen

Cachandt, Robert
Pfarrer, Evangelische Klinikseelsorge Gießen
Vorsitzender des Sprecherinnenrates der Arbeitsgemeinschaft
»Hospiz« bei der Evangelischen Kirche in Hessen und Nassau

Drees, Alfred
Prof. Dr., Arzt und Psychotherapeut, Krefeld

Ebels, Dorothée
Fachberaterin für Diakoniestationen,
Diakonisches Werk in Hessen und Nassau, Frankfurt/M.

Ertl, Angelika
Projektleiterin, Praxisfeld Interkulturelle Altenpflege,
Arbeitszentrum Fort- und Weiterbildung im Elisabethenstift Darmstadt

Geissler, Rolf-Heinz
Pfarrer, Altenheimseelsorger, Frankfurt/M.

Heymel, Michael
Dr., Pfarrer i.R., Wald-Michelbach

Huth, Fritz-Reinhold
Dr., Pfarrer, Beauftragter für Weltanschauungsfragen der Evangelischen Kirche in Hessen und Nassau, Darmstadt

Kottnik , Roswitha
Pfarrerin, Referentin für Hospizarbeit,
Diakonisches Werk der Evangelischen Kirche in Deutschland, Stuttgart

Pfeffer, Christine
Krankenschwester und wiss. Mitarbeiterin,
Universität-Gesamthochschule Siegen

Schibilsky, Michael
Prof. Dr., Ludwig-Maximilians-Universität,
Evangelisch-Theologische Fakultät, München

Sievering, Ulrich O.
Studienleiter, Evangelische Akademie Arnoldshain

Weiher, Erhard
Pfarrer, Katholischer Klinikseelsorger an den
Universitätskliniken Mainz,
Fortbildungstätigkeit für klinische und pastorale Berufe

Arnoldshainer Texte

Band 7: Licharz, Werner (Hrsg.): **Dialog mit Martin Buber**. 1982. 452 Seiten, Paperback € 24,60. SFr. 44,20. ISBN 3-88129-521-6

Band 8: Licharz, Werner (Hrsg.): **Wie können wir heute verantwortlich von Gott reden?** Mit einem Beitrag von Hermann Dembowski: Gott im Wort. 1982. 291 Seiten, Paperback € 17,80. SFr. 32,10. ISBN 3-88129-561-5

Band 9: Licharz, Werner (Hrsg.): **Heil für die Christen - Unheil für die Juden?** Von der Notwendigkeit des Gesprächs und des gemeinsamen Zeugnisses. 1982. 123 Seiten, Paperback € 8,60. SFr. 15,50. ISBN 3-88129-568-2

Band 11: Sievering, Ulrich O. (Hrsg.): **Schule und Praxisschock**. Beiträge zur Berufsbezogenheit der Lehrerausbildung. 1982. 244 Seiten, Paperback € 15,30. SFr. 27,50. ISBN 3-88129-581-X

Band 12: Harms, Jens (Hrsg.): **Das Multinationale Unternehmen im sozialen Umfeld.** Ökonomische und ethische Aspekte. 1983. 119 Seiten, Paperback € 8,60. SFr. 15,50. ISBN 3-88129-629-8

Band 13: Stöhr, Martin (Hrsg.): **Leben - Zusammenleben - Überleben.** Wirklichkeit und Verwirklichung von Gerechtigkeit und Befreiung, Frieden und Liebe, Schöpfung und Hoffnung. 1983. 140 Seiten, Paperback € 8,60. SFr. 15,50. ISBN 3-88129-646-8

Band 14: Stöhr, Martin (Hrsg.): **Theologische Ansätze zum religiösen Sozialismus.** 1983. 140 Seiten, Paperback € 8,60. SFr. 15,50. ISBN 3-88129-647-6

Band 15: Stöhr, Martin (Hrsg.): **Judentum im christlichen Religionsunterricht.** 1983.172 Seiten Paperback € 10,20. SFr. 18,30. ISBN 3-88129-648-4

Band 16: Stöhr, Martin (Hrsg.): **Das Erbe der Bekennenden Kirche.** 1983. 140 Seiten, Paperback € 8,60. SFr. 15,50. ISBN 3-88129-599-2

Band 17: Stöhr, Martin (Hrsg.): **Abrahams Kinder.** Juden - Christen - Moslems. 1983. 176 Seiten, Paperback € 10,20. SFr. 18,30. ISBN 3-88129-883-2

Band 18: Sievering, Ulrich O. (Hrsg.): **Ökologischer Landbau.** Beiträge zu seinen praktischen und geistigen Grundlagen. 1983. 162 Seiten, Paperback € 10,20. SFr. 18,30. ISBN 3-88129-704-9

Band 21: Schäfer, Karl Heinrich / Ulrich O. Sievering (Hrsg.): **Ausländerrecht contra Resozialisierung?** Beiträge zur Problematik straffällig gewordener Ausländer in der Bundesrepublik Deutschland. 1984. 190 Seiten, Paperback € 12,70. SFr. 22,90. ISBN 3-88129-745 6

Band 22: Sievering, Ulrich O. (Hrsg.): **Politisches Asyl und Einwanderung.** Die Unterbringung von Asylbewerbern in der Bundesrepublik Deutschland im Lichte von historischer Entwicklung und Menschenrecht. 1984. 240 Seiten, Paperback € 15,30. SFr. 27,50. ISBN 3-88129-757-X

Band 24: Licharz, Werner (Hrsg.): **Lernen mit Franz Rosenzweig.** 2. Auflage 1987. XVIII, 343 Seiten, Paperback € 19,50. SFr. 35,00. ISBN 3-89228-114-9

Band 25: Harms, Jens / Doron Kiesel / Achim von Loesch / Bernhard Suin de Boutemard (Hrsg.): **Alternativökonomie und Gemeinwirtschaft.** 2. Auflage 1987. VI, 159 Seiten, Paperback € 11,70. SFr. 21,00. ISBN 3-89228-101-7

Band 29: Nickel, Egbert / Ulrich O. Sievering (Hrsg.): **Gewissensentscheidung und demokratisches Handeln.** 1984. VI, 110 Seiten, Paperback € 8,60. SFr.15,50. ISBN 3-88129-860-6

Band 30: Licharz, Werner (Hrsg.): **Nicht Du trägst die Wurzel - die Wurzel trägt Dich.** Hanna Wolff und die Frage nach einer christlichen Identität. 1985. VIII, 99 Seiten, Paperback € 7,60. SFr. 13,70. ISBN 3-88129-880-0

Band 36: Henrix, Hans-Hermann / Werner Licharz (Hrsg.): **Welches Judentum steht welchem Christentum gegenüber?** 1985. 129 Seiten, Paperback € 10,20. SFr.18,30. ISBN 3-88129-924-6

Band 37: Stöhr, Martin (Hrsg.): **Zur biblischen Begründung sozialethischen Handelns.** 1985. VI, 50 Seiten, Paperback € 5,60. SFr. 10,00. ISBN 3-88129-929-7

Band 39: Link, Hans-Georg / Martin Stöhr: **Der Herr des Lebens.** Jüdische und christliche Interpretationen in der Ökumene.1985. VIII, 177 Seiten, Paperback € 12,70. SFr. 22,90. ISBN 3-88129-951-3

Band 40: Licharz, Werner / Peter Lutze / Josef Schädle: **Mit geistig behinderten Menschen zusammenleben.** 1985. VI, 60 Seiten, Paperback € 6,60. SFr. 11,80. ISBN 3-88129-960-2

Band 41: Licharz, Werner / Bruno Wilke (Hrsg.): **Juden und Christen.** Informationen und Unterrichtsangebote für den Religionsunterricht. 1986. VIII, 193 Seiten, Paperback € 10,20. SFr. 18,30. ISBN 3-89228-040-1

Band 43: Stöhr, Martin (Hrsg.): **Ziviler Ungehorsam und rechtsstaatliche Demokratie.** 1986. VI, 134 Seiten, Paperback € 10,20. SFr. 18,30. ISBN 3-89228-061-4

Band 44: Stöhr, Martin (Hrsg.): **Von der Verführbarkeit der Naturwissenschaft.** Naturwissenschaft und Technik in der Zeit des Nationalsozialismus. 1986. VI, 123 Seiten, Paperback € 10,20. SFr. 18,30. ISBN 3-89228-062-2

Band 45: Frasch, Gerhild / Franz Grubauer / Doron Kiesel / Fritz-Rüdiger Volz (Hrsg.): **Geduld, sage ich, eine Abkürzung gibt es nicht.** Gespräche während einer Israel-Reise. 1987. VIII, 191 Seiten, Paperback € 15,30. SFr. 27,50. ISBN 3-89228-095-9

Band 46: Stöhr, Martin (Hrsg.): **Die Erste Reformation.** 1987. VI, 103 Seiten, Paperback € 10,20. SFr. 18,30. ISBN 3-89228-109-2

Band 47: Sievering, Ulrich O. (Hrsg.): **Behandlungsvollzug - Evolutionäre Zwischenstufe oder historische Sackgasse?** Problem Strafhaft - Alternative Sanktionen.1987. VI, 328 Seiten, Paperback € 23,10. SFr. 41,40. ISBN 3-89228-110-2

Band 48: Harms, Jens (Hrsg.): **Sozialstaat und Marktwirtschaft.** 1987. VI, 199 Seiten, Paperback € 15,30. SFr. 27,50. ISBN 3-89228-130-0

Band 52: Goeschel, Albrecht / Jens Harms (Hrsg.): **Raumordnung und Sozialpolitik.** 1988. VI, 127 Seiten, Paperback € 12,70. SFr. 22,90. ISBN 3-89228-232-3

Band 54: Sievering, Ulrich O. (Hrsg.): **Kritischer Rationalismus heute.** 2. Auflage 1989. VI, 268 Seiten, Paperback € 20,40. SFr. 36,70. ISBN 3-89228-335-4

Band 55: Harms, Jens (Hrsg.): **Risiken der Genetik.** 1988. VI, 104 Seiten, Paperback E 10,20. SFr. 18,30. ISBN 3-89228-250-1

Band 56: Schäfer, Karl Heinrich / Ulrich O. Sievering (Hrsg.): **Justizvollzug und Straffälligenhilfe als Gegenstand evangelischer Akademiearbeit.** 1989. VI, 154 Seiten, Paperback € 15,30. SFr. 27,50. ISBN 3-89228-312-5

Band 57: Licharz, Werner / Heinz Schmidt (Hrsg.): **Martin Buber (1878-1965). Internationales Symposium zum 20. Todestag.** Band 1: Dialogik und Dialektik. 2., durchgesehene Auflage 1991. XIV, 310 Seiten, Paperback € 24,60. SFr. 44,20. ISBN 3-89228-605-1

Band 58: Licharz, Werner / Heinz Schmidt (Hrsg.): **Martin Buber (1878-1965). Internationales Symposium zum 20. Todestag.** Band 2: Vom Erkennen zum Tun des Gerechten. 2., durchgesehene Auflage 1991. XII, 332 Seiten, Paperback € 24,60. SFr. 44,20. ISBN 3-89228-606-X

Band 59: Harms, Jens / Fritz Rüdiger Volz: **Arbeit und Wirtschaft.** Beiträge zu Okonomie und Ethik. 1989. VI, 311 Seiten, Paperback € 20,40. SFr. 36,70. ISBN 3-89228-373-7

Band 60: Schmidt-Ohlemann, Matthias / Jens Harms (Hrsg.): **Soziale Netzwerke und Regionalisierung - Perspektiven für Behinderte.** 1990. 124 Seiten, Paperback € 12,70. SFr. 22,90. ISBN 3-89228-419-9

Band 62: Feltes, Thomas / Ulrich O. Sievering (Hrsg.): **Hilfe durch Kontrolle?** Beiträge zu den Schwierigkeiten von Sozialarbeit als staatlich gewährter Hilfe. 1990. 130 Seiten, Paperback € 11,70. SFr. 21,00. ISBN 3-89228-445-8

Band 63: Licharz, Werner / Heidi Karg / Jens Harms (Hrsg.): **Leben in der Begegnung.** Deutsche und Polen auf dem Weg zueinander. 1990. 92 Seiten, Paperback € 8,60. SFr. 15,50. ISBN 3-89228451-2

Band 64: Neuhaus, Dietrich (Hrsg.): **Teufelskinder oder Heilsbringer - die Juden im Johannes-Evangelium.** 2. Auflage 1993. 200 Seiten, Paperback € 17,80. SFr. 32,10. ISBN 3-86137-074-3

Band 65: Kiesel, Doron/Ernst Karpf (Hrsg.): **Identität und Erinnerung.** Zur Bedeutung der Shoa für die israelische Gesellschaft. 1990. 176 Seiten, Paperback € 15,30. SFr. 27,50. ISBN 3-89228-513-6

Band 66: Siegele-Wenschkewitz, Leonore/Gerda Stuchlik (Hrsg.): **Hochschule und Nationalsozialismus.** Wissenschaftsgeschichte und Wissenschaftsbetrieb als Thema der Zeitgeschichte. 1990. 156 Seiten, Paperback € 15,30. SFr. 27,50, ISBN 3-89228-517-9

Band 68: Determann, Barbara/Ulrike Hammer/Doron Kiesel (Hrsg.): **Verdeckte Überlieferungen.** Weiblichkeitsbilder zwischen Weimarer Republik, Nationalsozialismus und Fünfziger Jahren. 1991. 184 Seiten, Paperback € 17,80. SFr 32,10. ISBN 3-89228-690-6

Band 69: Moltmann, Bernhard (Ed./Hrsg.): **Beyond the Cold War / Nach dem Kalten Krieg.** Evolving a Concept of Responsible International Development / Auf der Suche nach einem Konzept verantwortlicher Entwicklung. Report of the Conference, held at the Protestant Academy Arnoldshain, September, 24-28, 1990, sponsored by Evangelischen Akademien in Deutschland/ German Protestant Academies (Org. Fritz Erich Anhelm) Vesper International (Org. Harlan Stelmach). 1991.148 Seiten, Paperback € 14,80. SFr. 26,50. ISBN 3-89228-6914

Band 70: Proksch, Roland/Ulrich O. Sievering (Hrsg.): **Förderung der gemeinsamen elterlichen Verantwortung nach Trennung und Scheidung.** Neue Aspekte durch neue Regelungen im vereinigten Deutschland. 4. Kleiner Arnoldshainer Familiengerichtstag. 1991. 228 Seiten, Paperback € 20,40. SFr. 36,70. ISBN 3-89228-7074

Band 73: Jansen, Mechtild M./Doron Kiesel/Heike Deul (Hrsg.): **Rechtsradikalismus**. Politische und sozialpsychologische Zugänge. 1992. 144 Seiten, Paperback € 14,80. SFr. 26,50. ISBN 3-89228-823-2

Band 74: Moltmann, Bernhard (Hrsg.): **Sicherheitspolitik in den 90er Jahren.** Politische und ethische Positionsbestimmungen für die Bundeswehr. 2. Auflage 1993. 120 Seiten, Paperback € 12,70. SFr. 22,90. ISBN 3-86137-002-6

Band 75: Bechinger, Walter (Hrsg.): **Zukunftsaufgabe Umweltbildung.** 1993. 124 Seiten, Paperback € 12,70. SFr. 22,90. ISBN 3-89228-957-3

Band 76: Abarbanell, Stephan/Claudia Cippitelli/ Dietrich Neuhaus (Hrsg.): **Fernsehen verstehen.** 1993. 212 Seiten, Paperback € 20,40. SFr. 36,70. ISBN 3-89228-958-1

Band 77: Siegele-Wenschkewitz, Leonore (Hrsg.): **Die evangelischen Kirchen und der SED-Staat - ein Thema Kirchlicher Zeitgeschichte.** 1993. 164 Seiten, Paperback € 16,80. SFr. 30,20. ISBN 3-89228-959-X

Band 78: Schmincke, Bernhard/Gabriele Schmid/ Karl-Martin Schönhals (Hrsg.): **Auf dem Weg zum Gläsernen Menschen?** Bilder in der Medizin. 1993. 140 Seiten, Paperback € 15,30. SFr. 27,50. ISBN 3-89228-987-5

Band 79: Moltmann, Bernhard/Doron Kiesel/Cilly Kugelmann/ Hanno Loewy/Dietrich Neuhaus (Hrsg.): **Erinnerung.** Zur Gegenwart des Holocaust in Deutschland-West und Deutschland-Ost. 1993. 236 Seiten, Paperback € 20,40. SFr. 36,70. ISBN 3-89228-989-1

Band 80: Mertin, Jörg/Dietrich Neuhaus/Michael Weinrich (Hrsg.): **»Mit unsrer Macht ist nichts getan...«** Festschrift für Dieter Schellong zum 65. Geburtstag. 1993. 456 Seiten, Paperback € 45,00. SFr. 81,00. ISBN 3-89228-990-5

Band 84: Schäfer, Karl Heinrich/Ulrich O. Sievering (Hrsg.): **Strafvollzug - Ende für Partnerschaft, Ehe und Familie?** Perspektiven des Langstrafenvollzugs. 1994. 104 Seiten, Paperback € 10,20. SFr. 18,30. ISBN 3-86137-186-3

Band 85: Siegele-Wenschkewitz, Leonore (Hgin.): **Christlicher Antijudaismus und Antisemitismus.** Theologische und kirchliche Programme Deutscher Christen. 1994. 352 Seiten, Paperback € 25,50. SFr. 45,90. ISBN 3-86137-187-1

Band 86: Neuhaus, Dietrich (Hrsg.): **Kirche und Kultur: Beispiel Musik.** 1994. 112 Seiten, Paperback € 12,70. SFr. 22,90. ISBN 3-86137-210-X

Band 87: Meyer, Berthold/Bernhard Moltmann (Hrsg.): **Konfliktsteuerung durch Vereinte Nationen und KSZE.** 1994. VIII, 184 Seiten, Paperback € 17,80. SFr. 32,10. ISBN 3-86137-245-2

Band 88: Kiesel, Doron/Sabine Kriechhammer-Yagmur/ Hans von Lüpke (Hrsg.): **Bittersüße Herkunft.** Zur Bedeutung ethnisch-kultureller Aspekte bei Erkrankungen von Migrantinnen und Migranten. 1995. 124 Seiten, Paperback € 14,80. SFr. 26,50. ISBN 3-86137-271-1

Band 89: Meyer, Berthold/Bernhard Moltmann (Hrsg.): **Neuer Osten - Alter Westen.** Die europäischen Staaten zwischen Annäherung und Distanz. 1996. VIII, 260 Seiten, Paperback € 23,10. SFr. 41,40. ISBN 3-86137-427-7

Band 90: Kersten, Ralph/Doron Kiesel/Sener Sargut (Hrsg.): **Ausbilden statt Ausgrenzen.** Jugendliche ausländischer Herkunft in Schule, Ausbildung und Beruf. 1996. 160 Seiten, Paperback € 17,80. SFr. 32,10. ISBN 3-86137-440-4

Band 91: Karpf, Ernst/Doron Kiesel (Hrsg.): **Politische Kultur und politische Bildung Jugendlicher ausländischer Herkunft.** 1996. 164 Seiten, Paperback € 17,80. SFr. 32,10. ISBN 3-86137-455-2

Band 92: Kiesel, Doron/Sabine Kriechhammer-Yagmur/ Hans von Lüpke (Hrsg.): **Gestörte Übertragung.** Ethno-kulturelle Dimensionen im psychotherapeutischen Prozeß. 1996. 140 Seiten, Paperback € 16,80. SFr. 30,20. ISBN 3-86137-464-1

Band 93: Kolbe, Fritz-Ulrich/Doron Kiesel (Hrsg.): **Professionalisierung durch Fortbildung in der Jugendarbeit.** Reflexivität professionellen Könnens und Wissens: Konturen eines neuen Fort-bildungskonzepts. 1997. 136 Seiten, Paperback € 16,80. SFr. 30,20. ISBN 3-86137-539-7

Band 94: Karpf, Ernst/Doron Kiesel (Hrsg.): **Migrationsbewältigung.** Neue Orientierungen in der politischen Bildung Jugendlicher. 1997. 128 Seiten, Paperback € 15,30. SFr. 27,50. ISBN 3-86137-566-4

Band 95: Kiesel, Doron/Astrid Messerschmidt (Hrsg.): **Pädagogische Grenzüberschreitungen.** Erwachsenenbildung in der Einwanderungsgesellschaft. 1997. 136 Seiten, Paperback € 16,80. SFr. 30,20. ISBN 3-86137-595-8

Band 96: Kiesel, Doron/Gottfried Kößler/Werner Nickolai/Manfred Wittmeier (Hrsg.): **Pädagogik der Erinnerung.** Didaktische Aspekte der Gedenkstättenarbeit. 1997. 168 Seiten, Paperback € 18,90. SFr. 33,90. ISBN 3-86137-612-1

Band 97: Schönhals, Karl-Martin/Ulrike Höhmann/ Alfred Möhrle (Hrsg.): **Qualität im Medizinbetrieb - für wen, mit wem, zu Lasten von wem?** 1997. VIII, 136 Seiten, Paperback € 17,80. SFr. 32,10. ISBN 3-86137-618-0

Band 98: Karpf, Ernst/Doron Kiesel/Manfred Wittmeier (Hrsg.): **Europäische Städte und ihre Jugendlichen.** Jugendpolitik und Jugendarbeit im Vergleich. 1997. 184 Seiten, Paperback € 20,40. SFr. 36,70. ISBN 3-86137-635-0

Band 99: Breidenstein, Lothar/Doron Kiesel/Jörg Walther (Hrsg.): **Migration, Konflikt und Mediation.** Zum interkulturellen Diskurs in der Jugendarbeit. 1998. 188 Seiten, Paperback € 20,40. SFr. 36,70. ISBN 3-86137-687-3

Band 100: Kiesel, Doron/Leonore Siegele-Wenschkewitz (Hrsg.): **Der Aufklärung zum Trotz.** Antisemitismus und politische Kultur in Deutschland. 1998. 168 Seiten, Paperback € 18,90. SFr. 33,90. ISBN 3-86137-688-1

Band 101: Mannheim-Runkel, Monika/Ursula Taplik (Hrsg.): **Konzeptentwicklung in der Jugendarbeit.** Reflexion und Dokumentation eines Modellprojekts zur berufsbegleitenden Fortbildung im Kreis Offenbach. Wissenschaftliche Begleitung: Albert Scherr. 1998. 264 Seiten, Paperback € 23,10. SFr. 41,40. ISBN 3-86137-720-9

Band 102: Neuhaus, Dietrich (Hrsg.): **Das Opfer.** Religionsgeschichtliche, theologische und politische Aspekte. 1998. 224 Seiten, Paperback € 20,40. SFr. 36,70. ISBN 3-86137-746-2

Band 103: Schäfer, Karl Heinrich/Ulrich O. Sievering (Hrsg.): **20 Jahre Strafvollzugsgesetz.** Behandlungsvollzug zwischen Erfolgsbilanz und Offenbarungseid? 1998. 164 Seiten, Paperback € 18,90. SFr. 33,90. ISBN 3-86137-762-4

Band 104: Kienzle, Ulrike/Winfried Kirsch/Dietrich Neuhaus (Hrsg.): **Kain und Abel.** Die biblische Geschichte und ihre Gestaltung in bildender und dramatischer Kunst, Literatur und Musik. 1998. 348 Seiten, Paperback € 29,70. SFr 53,40. ISBN 3-86137-763-2

Band 105: Siegele-Wenschkewitz, Leonore (Hgin.): **Typisch evangelisch?** Konfessionelle Profilierung in der Diskussion. 1998. 2, XIV, 136 Seiten, Paperback € 17,80. SFr. 32,10. ISBN 3-86137-780-2

Band 106: Karpf, Ernst/Doron Kiesel/Manfred Wittmeier (Hrsg.): **Partizipation und politische Bildung in Europa.** Deutschland, Italien, Niederlande. 1999. 222 Seiten, Paperback € 20,40. SFr. 36,70. ISBN 3-86137-847-7

Band 107: Hubert, Harry/Doron Kiesel (Hrsg.): **Zum Wohle des Kindes.** Kinder und Jugendliche im Spannungsfeld von Familienrecht und Ausländergesetz. 1999. 318 Seiten, Paperback € 27,70. SFr. 49,70. ISBN 3-86137-848-5

Band 108: Schäfer, Karl Heinrich/Ulrich O. Sievering (Hrsg.): **Strafvollzug im Wandel - Privatisierung contra Resozialisierung?** Vollzugspolitische Entwicklungen vor dem Hintergrund hessischer Tradition. Festgabe für Ministerialdirigent a.D. Dr. Hans Dahlke zum 70. Geburtstag am 10. Oktober 1998. 1999. VI, 178 Seiten, Paperback € 20,40. SFr. 36,70. ISBN 3-86137-874-4

Band 109: Neuhaus, Dietrich/Andreas Mertin (Hrsg.): **Wie in einem Spiegel ...** Begegnungen von Kunst, Religion, Theologie und Ästhetik.1999. IV, 308 Seiten, Paperback € 27,70. SFr. 49,70. ISBN 3-86137-881-7

Band 110: Denzler, Georg/Leonore Siegele-Wenschkewitz † (Hrsg.): **Theologische Wissenschaft im »Dritten Reich« .** Ein ökumenisches Projekt. Unter Mitarbeit von Vicco von Bülow. 2000. 198 Seiten, Paperback € 20,40. SFr. 36,70. ISBN 3-86137-939-2

Band 111: Siegele-Wenschkewitz, Leonore †/Friedrich Weber/Karin Weintz (Hrsg.): **Religionspolitik In der Bundesrepublik Deutschland.** Konzepte der im Bundestag vertretenen politischen Parteien, der Bundesregierung, der evangelischen und katholischen Kirche. 2000. 154 Seiten, Paperback € 17,80. SFr. 32,10. ISBN 3-89846-026-6

Band 112: Düringer, Hermann/Karin Weintz (Hrsg.): **Leonore Siegele-Wenschkewitz.** Persönlichkeit und Wirksamkeit. 2000. 386 Seiten, Paperback € 32,80. SFr. 58,90. ISBN 3-89846-023-1

Band 113: Schneider-Ludorff, Gury/Leonore Siegele-Wenschkewitz † (Hg.innen): **Frauenarmut als Herausforderung.** 2000.136 Seiten, Paperback € 17,80. SFr. 32,10. ISBN 3-89846-039-8

Band 114: Düringer, Hermann (Hrsg.): **Christliche Mystik als Thema ökumenischer Theologie und Praxis.** Konturen - Konkretionen - Konsequenzen. 2001. 142 Seiten, Paperback € 17,80. SFr. 32,10. ISBN 3-89846-089-4

Band 115: Düringer, Hermann/Martin Stöhr (Hrsg.): **Martin Niemöller im Kalten Krieg.** Die Arbeit für Frieden und Gerechtigkeit damals und heute. 2001. 164 Seiten, Paperback € 18,90. SFr. 33,90. ISBN 3-89846-090-8

Band 116: Schäfer, Karl Heinrich/Ulrich O. Sievering (Hrsg.): **Strafvollzug und Menschenwürde.** Gustav Radbruch - Wegbereiter des Strafvollzugs des Grundgesetzes. 2001. 112 Seiten, Paperback € 17,80. SFr. 32,10. ISBN 3-89846-137-8

Band 117: Dramm, Sabine/Hermann Düringer (Hrsg.): **Albert Camus und die Christen.** Eine Provokation. 2002. 148 Seiten, Paperback €19,80. SFr. 35,60. ISBN 3-89846-178-5

Band 118: Düringer, Hermann/Horst Scheffler (Hrsg.): **Internationale Polizei - Eine Alternative zur militärischen Konfliktbearbeitung.** 2002. 102 Seiten, Paperback € 16,80. SFr. 30,20. ISBN 3-89846-180-7

Band 119: Mehlhorn, Annette (Hrsg.): **Abgestürzt?** Theologie und Kirche im Zeitalter elektronischer Informations- und Kommunikationstechnologie. 2002. 214 Seiten, Paperback € 22,00. SFr. 39,60. ISBN 3-89846-209-9

Band 120: Frölich, Margrit/Gesine Kleinschmit/Manfred Wittmeier (Hrsg.): **Fremdenfeindlichkeit und Rechtsextremismus:** Eine jugendpolitische Herausforderung. 2002. 296 Seiten, Paperback € 26,60. SFr. 47,90. ISBN 3-89846-134-3

Band 121: Cachandt, Robert/Friedhelm Menzel/Ulrich O. Sievering (Hrsg.): **Selbstbestimmung und Integrität am Lebensende.** Trauern und Trösten in der hospizlichen Arbeit. 2003. 202 Seiten. Paperback € 22,00. SFr 39,60. ISBN 3-89846-224-2